SOPHIE
GALITZINE
Avec la collaboration de Cyril Lepeigneux

Entre Tes mains

Comment la grâce du Christ m'a saisie

ARTÈGE

Éditions Artège
10 rue Mercœur – 75011 Paris
9 espace Méditerranée – 66000 Perpignan

www.editionsartege.fr

ISBN : 979-10-336-1159-2
EAN Epub : 9791033614814

À mon cher époux...

À toi Vadim…

À nos nouveaux amis de Sadillac… Mathilde, Valérie, Coralie, et leur famille qui m'enseignent sans le savoir, un nouveau rapport à la terre, aux animaux, au labeur, à l'agriculture et me remettent les pieds sur terre, humblement et courageusement.

« Plus profond le chagrin creusera votre être, plus vous pourrez contenir de joie. »

Khalil GIBRAN, *Le Prophète*

Préambule

J'ai commencé ce livre il y a cinq ans et je me suis arrêtée souvent. Ce manque de temps pour écrire est à l'image de ma vie bien remplie. Épouse, maman de deux petits, artiste et thérapeute, comme beaucoup de femmes je cours souvent et tâche de tout concilier telle une acrobate. Et puis ce n'est pas l'écriture mais le jeu, le mouvement, le toucher et le soin qui sont les éléments ordinaires de mon langage naturel. Être juste assise devant un écran d'ordinateur, mes doigts frappant le clavier, est un gros défi qui m'oblige à ralentir et à creuser.

Alors j'écris des lignes, des jets, des fusées, par-ci par-là quand je peux : sur mon lit, à ma table, dans ma cuisine, assise dans la salle de bains quand les enfants jouent dans la baignoire, entre deux patientes. Je glisse ces séquences d'écriture entre une séance de coaching, un rendez-vous chez l'orthodontiste, une conversation avec une copine chérie… Ah ! si précieuse la copine chérie ! J'oubliais un SMS ici ou là pour ne pas se faire oublier, un truc à surveiller sur le feu, la course de dernière minute… Bref, en acrobatie H24 ! Enfin, je ne peux pas omettre que ce soir, mon mari et moi, nous nous étions dit que, quoi qu'il arrive, nous nous retrouverions, même épuisés, même morts. Juste tous les deux pour s'arrêter, souffler ensemble et surtout s'aimer.

Alors, évidemment, comme les saisons se succèdent et voient l'arbre du jardin grandir et ses fruits se multiplier, la vie a poursuivi son cours, mon univers a changé et mon regard a évolué.

Et quand je relis mon parcours aujourd'hui, je m'aperçois qu'à un moment j'ai eu besoin de quitter les sagesses orientales pour demeurer toute droite et obéissante dans l'Église, avant de retourner un peu dans cet Orient. J'avais besoin d'y retrouver quelques outils, forgés par les pratiques d'une sagesse millénaire, pour vivre mieux. Je conserve pourtant les pieds et le cœur en Christ.

Mais j'ai davantage conscience du grand besoin de laisser plus de place au féminin en soi et dans le monde, à ces qualités de celui qui privilégie l'être sur l'avoir, à l'altérité sans comparaison, au courage d'ouvrir son cœur et de s'ouvrir au monde…

Ma petite fille de 3 ans et demi, alors scolarisée en petite section, me raconte un jour, au petit-déjeuner, que la maîtresse fait l'appel chaque matin. Elle attend des enfants cette merveilleuse réponse: « Je suis là, présent(e). » Ce qui veut dire: je suis là et je t'attends. Je me prends à penser que cette phrase m'est murmurée à moi aussi chaque matin. Moi aussi, je suis convoquée pour apprendre à aimer. Et je re-tente chaque matin d'incarner cette qualité de présence et dire ce grand oui.

« Le monde crève d'être à l'extérieur », écrit ma précieuse amie Claire de Saint Lager.

Et moi je suis ce monde qui a si peur de goûter le doux, le délicat, le tout-petit, le rien, le tout, le détail, le simple, le pauvre.

L'histoire qui parcourt ces pages retrace ce délicat passage entre ce monde extérieur et sécularisé, coupé de sa sève, de ses racines, de son cœur et de son âme, et cette danse vers plus d'intériorité, d'intimité en soi et avec Dieu. Il raconte ce retournement intérieur, cette *métanoïa*, qui ne cesse de descendre encore et encore, vers plus de divin et donc davantage d'ancrage.

Car pas de Ciel sans terre.

Pas de vie spirituelle sans chair.

Introduction

Ce matin, mon ami Pierre est entré au Carmel. Le Carmel est un couvent. Les moines y prient sept fois par jour. Pierre est beau. Il y a quelque temps encore, ce jeune homme portait des baskets Nike et des pulls Zadig & Voltaire. Il aimait les femmes et travaillait la nuit dans un quartier branché de Paris. Il fumait même de la marijuana de temps en temps. Bref, Pierre était ordinaire : il faisait comme tout le monde. Moi aussi je portais des baskets, du vernis rouge et je fumais quelques joints de temps à autre. Sans doute pour faire comme les autres, car je n'ai jamais fumé seule, ni en journée. En faisant comme les petits copains, je me sentais plus libre, plus détendue. Je fuyais le réel et ses contraintes pour me réfugier dans mon petit paradis illusoire.

Pierre et moi, nous nous sommes beaucoup aimés, mais il a fini par choisir Dieu et seulement lui. Oui, c'est bien vrai : Pierre est devenu moine.

Je me suis, moi aussi, assise quelques mois dans le silence d'un monastère et j'ai bien failli rester là-bas. Toute cette joie entre ces murs, cette liberté aussi ! T'es là, cloîtrée entre quatre murs et tu te sens aussi libre qu'un oiseau. On a un tel sentiment d'espace dans ce tout petit rien et cet immense vide. Paradoxe que ce vide si... plein.

Aujourd'hui, mes nouvelles égéries s'appellent de Lisieux et d'Avila : deux Thérèse, deux saintes des XVe et XIXe siècles qui me donnent autant la pêche qu'un concert des rappeurs de NTM ! Bon, c'est sûr que quand tu glisses de « Passe passe passe le oinj » avec son *beat*, au pacifiant « *Solo dios basta* » de la d'Avila, c'est qu'à un moment, il s'est quand même passé un truc, hein ! En même temps, si le chanteur Kool Shen avait dit à la Vierge Marie : « Laisse pas traîner ton fils, si tu veux pas qu'il glisse », où en serait-on aujourd'hui ? Comment imaginer un monde sans Dieu, sans vie intérieure ou sans spiritualité.

Je m'appelle Sophie. J'ai la quarantaine épanouie. Je suis mariée à Yvan, mon cher époux, et nous avons deux jeunes enfants, Irène et Aliocha. J'ai commencé par étudier la philosophie, puis le théâtre et je suis devenue comédienne, metteur en scène et professeur de théâtre. Ensuite, je me suis orientée vers l'art-thérapie et la psychiatrie transculturelle, un pont entre l'approche anthropologique et les études psychanalytiques. Diplômée des universités Paris-V et Paris-XIII, je m'intéresse et me forme aussi à la Gestalt thérapie. Pendant des années, je suis intervenue auprès de publics très variés : des personnes en quête de développement personnel, des salariés surmenés, des personnes en grande précarité, des artistes confirmés et des religieux. J'alternais entre l'animation de séminaires en entreprise sur l'estime de soi, sur la relation au groupe et sur la vie au travail, avec des journées d'art-thérapie, danse, écriture et clown ouvertes à tous. Désormais, à cheval entre l'art et la thérapie, j'interviens surtout auprès des femmes, des couples et des religieux. Je me présente comme artiste-thérapeute.

Ma boîte à outils professionnelle est composée de théâtre, danse, jeu de clown, écriture, massage et différentes techniques de relaxation. Cet attirail hétéroclite est une panoplie d' « outils » pour soutenir chacun sur le chemin de la connaissance, d'estime de soi et de transformation personnelle. Aujourd'hui, j'accompagne essentiellement des femmes et nous arrivons à changer les choses avec un travail commun axé sur les émotions, le corps et l'unité corps-cœur-tête par la danse et le massage. Et je co-anime des séminaires mixtes, sur la guérison corps-cœur-esprit avec Olivier Lantelme, mon cher collègue et ami, thérapeute et coach chrétien.

Si j'en suis là, c'est bien parce que ma vie a été bousculée par l'Histoire, mon père, ma mère, le théâtre, une relation au corps blessée, mon mari, mes enfants et… Dieu. Je me suis efforcée de raconter ici des événements et impressions très personnels, notamment ce que j'appelle « ma blessure sacrée » qui, Dieu merci, a été féconde. J'aime bien cette image : nous avons tous une blessure sacrée qui peut aussi nous permettre de donner du fruit.

I

Une histoire de princesse

Je m'appelle Sophie Galitzine, un nom reconnu de l'aristocratie russe. Le tout premier de la lignée, Michaïl, est un chevalier médiéval surnommé « Golitza » : pas de rapport avec le terrible Godzilla, bien que ce nom signifie « gant de guerrier » ! Il a fondé notre famille, devenue avec le temps la deuxième plus grande et plus noble maison princière de Russie. Nos racines familiales remontent aussi au XIIIe siècle avec la dynastie des Gediminas ; ce sont celles du grand-duché de Lituanie qui a connu son apogée au XVe siècle, contrôlant un empire s'étendant de la mer Noire à la mer Baltique ! Origines aristocratiques donc.

La généalogie familiale regorge de sombres histoires et figures, mais aussi d'anecdotes qui feront peut-être sourire les yeux de mes enfants. Alors dossier numéro 1 : l'histoire du prince Boris Alekséevitch Galitzine. Précepteur de Pierre Ier (1672-1725), il sauva la vie du jeune tsar lors du fameux « complot des streletz ». Prévenu à temps par mon ancêtre, le souverain put quitter, par la fenêtre et en pleine nuit s'il vous plaît, sa royale demeure. Monté sur un cheval, il gagna à bride abattue le monastère de la Trinité-Saint-Serge pour y trouver refuge. Ouf! Dossier numéro 2 : le destin de Michaïl Michaïlovitch Galitzine. Lors de la terrible bataille de Schlusselbourg, il passa outre l'ordre de retraite du même tsar et, droit dans ses bottes, déclara au messager : « Fais dire à son altesse royale que mon destin est désormais entre les mains de Dieu. » Bien lui en prit : cet aïeul mena ses troupes à l'assaut et prit la forteresse. Un héros de guerre !

Il y a aussi, plus tard dans le cours de l'histoire, l'activité philosophique et artistique du prince Dimitri Alekséevitch Galitzine. Ambassadeur russe à Paris sous le règne de Catherine la Grande (1729-1796), il fut un lien constant entre la tsarine et les encyclopédistes français ; c'est à lui que l'on doit sa rencontre avec Diderot et l'achat des œuvres monumentales du célèbre penseur. Enfin, pour les amateurs d'art qui hantent le musée de l'Ermitage, c'est à son entregent que l'on doit de nombreux chefs-d'œuvre ouest-européens qui ornent aujourd'hui les murs du musée pétersbourgeois.

Grâce au travail de membres de la famille, j'ai découvert sur le tard d'autres ancêtres qui furent responsables politiques et militaires. On les retrouve à la cour, sur le champ de bataille, dans les mondes de la diplomatie, de la politique, des arts, de la science, de la littérature et de la religion. Dans les journaux intimes de Pouchkine, on peut même lire « … entendu du prince A. N. Galitzine ». Pas mal pour frimer en soirée, mais, en France, qui lit encore Pouchkine ?

Quand on fait de la généalogie, on exhume aussi des histoires moins avantageuses… Le vent tourne avec violence lors de la révolution bolchevique de 1917. La plupart des Galitzine migrent en France, en Angleterre, aux États-Unis, en Italie, au Canada et en Belgique.

D'autres, demeurés en Russie, sont assassinés ou disparaissent durant les années 1920 et 1930. Je me souviens du destin de cet éminent prince Galitzine nommé, contre sa volonté, président du Conseil des ministres, par le tsar Nicolas II. C'était un 12 janvier... 1917! Mauvaise pioche! Impair et (tré)passe! En effet, après l'abdication du dernier tsar de Russie le 3 mars suivant, cet aïeul reste en fonction encore une semaine. Honneur insigne, il aura été l'ultime président du Conseil des ministres de la Russie impériale! En remerciement, malgré son éloignement de toute activité politique, il sera arrêté par trois fois, puis fusillé le 2 juillet 1925 à Leningrad. Toutes les médailles punaisées sur sa veste ne l'auront pas protégé des balles de la répression soviétique.

Sur leurs terres d'émigration, que ce soit en Europe de l'Ouest ou en Amérique du Nord, ces ancêtres, grands-oncles, grands-tantes et autres cousins éloignés, se sont recyclés comme guides touristiques, antiquaires, chauffeurs de taxi, comptables... Ce n'est qu'à la génération suivante qu'ont surgi à nouveau des officiers de guerre, des hommes d'affaires, des scientifiques, des cinéastes et des vignerons.

Cette révolution bolchevique a entraîné avec elle les vapeurs des samovars fumants, les médailles rutilantes, les épaulettes chamarrées d'or, les lustres de cristal, les bottes cirées, les salons feutrés, les possessions de terres et de moujiks... Certains châteaux familiaux ont été ensuite confisqués par l'État soviétique pour être transformés en orphelinats publics.

Plus proches de moi, mes arrière-grands-parents ont fui cette nouvelle Russie et choisi la France comme terre d'asile. Loin du confort et de la beauté raffinée de leurs palais princiers, ils se sont retrouvés dans l'exiguïté d'une simple chambre de bonne dans le 16e arrondissement de

Paris, perchés au sixième étage sans ascenseur. Un choc. Olga, mon arrière-grand-mère paternelle, était une femme de caractère. Elle a vécu cette chute brutale, mais loin de pleurer sur son pauvre sort, elle a gardé la tête haute. Elle s'est battue contre l'adversité. Elle était alors accompagnée de sa fille Hélène.

Les années ont passé et cette princesse Olga a retrouvé une partie de son lustre d'antan en se mariant avec un Galitzine, alors devenu directeur au *Printemps Haussmann* à Paris. Ils vécurent quelques années de relative insouciance avant que l'histoire ne frappe une nouvelle fois la famille avec violence. Après les bolcheviques, les nazis. Des années terribles de peurs et de privations dans cette Europe déboussolée de la première moitié du XXe siècle. À la veille de la libération de la France par les forces alliées, la princesse Olga a été enlevée par les services de la Gestapo (*Geheime Staatspolizei*), la puissante police politique de l'État nazi.

Projecteur allumé. Film en noir et blanc. Voix nasillarde au commentaire :

« Août 1944. Les Alliés sont aux portes de Paris avec la division Leclerc et les Force françaises de l'intérieur du communiste Rol-Tanguy. Un outrage pour le capitaine SS Aloïs Brunner, chef du camp de Drancy, qui n'accepte pas la défaite et veut s'illustrer dans un dernier coup. Avec ses hommes, il organise un ultime convoi pour le camp de la mort de Buchenwald. Le convoi est composé de wagons à bestiaux. À Compiègne, il ajoute cinquante-et-un prisonniers triés sur le volet. Un groupe de résistants et de juifs fortunés dont un héritier de la famille Rothschild ou encore Marcel Bloch, le futur Marcel Dassault, père des Mirage. Parmi ce dernier groupe, ma fameuse arrière-grand-mère Olga aux obscures racines juives, née d'un père Galitzine et d'une mère juive polonaise, femme de chambre. Le convoi s'ébranle et prend la direction fatale. Dans la nuit du 18 au 19 août 1944 pourtant, une quinzaine de prisonniers réussissent à s'échapper à la faveur d'un arrêt du convoi à Morcourt, dans l'Aisne. Parmi les fugitifs, mon inoxydable aïeule! Il existe, à propos de cet épisode, un livre intitulé *Le dernier wagon*. Wagon duquel mon arrière-grand-mère, la "babouchka" comme on l'appelait, a sauté. Quant à mon propre père, son frère (mon oncle) et leurs parents (mes grands-parents), ils ont été sauvés par une nurse suisse et ont ainsi échappé à ce destin et n'ont pas eu à monter dans ce train de la mort. »

Cette babouchka, mon arrière-grand-mère donc, avait épousé le sieur Bonnel, le père anglais de ma grand-mère « Mousse », qui a trouvé la mort en Inde dans un accident de moto. Elle a ensuite épousé Pierre Laguillonie après en avoir été folle amoureuse durant des années. Elle l'avait rencontré jeune homme lors d'un bal donné dans la cité fastueuse de Saint-Pétersbourg: ils avaient dansé toute la nuit. Un homme qu'elle n'avait jamais oublié et qu'elle a retrouvé en France, des années plus tard, alors qu'elle était désœuvrée, afin qu'il puisse l'aider à vendre des bijoux. Ils ne se sont dès lors plus quittés; une très belle correspondance illustre cet amour et ma sœur Laetitia, productrice de films, les étudie et envisage un long métrage sur le sujet.

2

Héritage familial

Que je le veuille ou non, je suis héritière de cette lignée. Des inconnus me contactent parfois à ce sujet sur les réseaux sociaux. Plutôt des historiens qui cherchent des informations sur la dynastie des Galitzine. Une fois, l'un d'eux est venu jusqu'en France visiter une de nos tombes familiales. Celle d'un de mes arrière-grands-pères, parti un temps en Ukraine. Cet avant-gardiste avait développé sur place une ferme avec des méthodes anticipant l'actuelle permaculture. Il a beaucoup œuvré pour le village ukrainien dans lequel il vivait et s'est dévoué auprès des villageois. À tel point qu'aujourd'hui encore, et davantage depuis le début de la guerre en Ukraine, nombre de descendants de ces villageois nous contactent pour garder le lien établi alors avec eux et nous invitent à venir un jour les rencontrer.

Un jour, alors que je me rendais à la gare de Paris-Montparnasse pour rejoindre en train la communauté des Fraternités monastiques de Jérusalem installée alors sur le Mont-Saint-Michel, j'ai rencontré par hasard un prêtre sur le quai. Il s'était trompé de jour pour prendre son train.

Nous avons échangé en déambulant dans la gare. Suite à cette conversation, j'ai eu l'intuition que mon chemin, pour l'heure, n'était pas de partir au Mont Saint-Michel mais plutôt de me diriger vers la tombe de mon père où j'étais attendue. Suivant cette intuition, je suis partie comme une flèche. Sa sépulture est située parmi celles de nombreux Russes blancs – les opposants monarchistes à la Russie soviétique, partisans du tsar et de la Russie impériale – enterrés au cimetière francilien de Sainte-Geneviève-des-Bois. À mon arrivée, je découvre un spectacle inattendu. Une lettre, un livre, un CD-ROM emballés et ficelés sont maintenus par une pierre et posés sur la tombe de mon père. Curieuse, je m'approche, détache la ficelle qui noue l'ensemble avec soin et découvre l'ouvrage d'un historien ukrainien. Dans sa lettre, il précise qu'il est venu en car depuis son pays pour rencontrer des descendants de la famille Galitzine. Son idée ? Entrer en contact avec l'un de nous par le biais de la tombe de cet oncle à propos duquel il avait écrit un livre. Et la pierre me direz-vous ? Elle était là pour que cette lettre ne s'envole pas au vent ? Non. Comme expliqué dans la lettre, cette roche, posée sur cette tombe, en terre française, était un morceau de la terre de l'Ukraine, laissée en gage de reconnaissance au bienfaiteur…

Cet historien ukrainien avait puisé dans ses maigres économies pour faire ce long voyage-pèlerinage en car, simplement pour nous rencontrer en déposant ses objets. Il reviendra une fois en France et logera dans la cathédrale russe de la rue Daru, à Paris. La femme du prêtre nous appellera et nous le rencontrerons enfin, mon frère et son épouse, mon mari et moi-même, autour d'un goûter préparé par cette sainte femme. Plus tard, ma tante voyagera dans ce village et sera célébrée et honorée comme une déesse hindoue. Ou sans doute, plus prosaïquement, comme une princesse russe, car ces villageois ukrainiens étaient reconnaissants et très attachés à ce pan de leur histoire.

Malgré les tourbillons de l'histoire et ces émigrations, les descendants de ma famille paternelle ont gardé un attachement réel à nos racines familiales, à la tradition. Mon oncle Alexandre a épousé, en secondes noces, Christine qui était passionnée d'histoire. Ensemble, ils ont fait publier un énorme livre sur les différentes filiations Galitzine : ils ont mis des années à réunir toutes ces informations.

De cet héritage familial sourd beaucoup de mélancolie. Comme dans notre lointain pays, nos maisons sont toujours décorées d'icônes et d'objets d'artisanat russe. Pour certains membres de la famille, il a été longtemps hors de question d'user de l'électricité pour le samovar ! On maintenait l'habitude de mettre des braises tirées de la cheminée pour chauffer l'eau du thé. Bon, certains préféraient quand même se chauffer le gosier à la vodka les jours de tristesse et de mal du pays…

Mes arrière-grands-parents n'ont pas échappé à cette nostalgie : ils nous ont légué une Russie un peu fantasmée. Pourtant, et sans doute dans l'espoir de s'intégrer au plus vite, ils n'ont pas transmis la langue russe à leur petit-fils Patrice. Mon père a donc dû apprendre tout seul : ce fut un apprentissage laborieux, douloureux. Mais il était motivé ! Sa quête était bien de s'approprier la langue des Dostoïevski, Gogol, Tolstoï et autre Lermontov ! Pas celle des Soviétiques, hein ! Le signe le plus flagrant de son antisoviétisme était, avec un sourire tendre et complice, de traiter de « communiste », quand il désobéissait, son chien adoré Soyous, un beau golden retriever qui ne le quittait pas d'une semelle, plus proche de lui que nous ses propres enfants.

Aujourd'hui, je peux parler avec plus d'intérêt de mes racines, mais, pendant très longtemps, cela ne me concernait pas. C'était durant ma (longue) phase rebelle. À cette époque, quand je recevais des lettres destinées à « Princesse Galitzine », je les cachais au plus vite si j'ouvrais la boîte aux lettres en compagnie de mes copains de lycée. Au collège, plutôt que le russe, j'ai choisi l'apprentissage de l'espagnol. Il faut avouer qu'à l'époque, tout ce qui était russe était lié à mon père et qu'alors, j'étais plutôt en colère contre lui, trop déçue et triste de son absence, trop blessée et en même temps tellement fan de lui ! Aujourd'hui, je regrette vraiment de ne pas parler russe et, chaque année, je me dis que je vais m'y atteler… La porte pour retrouver mes racines est alors devenue l'orthodoxie, sa mystique et sa liturgie.

3

Mon père et ses paradoxes

Mon père s'appelle Patrice Alexandre Guy Galitzine. Plutôt grand et large d'épaules, il avait la peau assez brune, des cheveux de jais, les yeux légèrement bridés et les pommettes hautes, à la « Galitzine » comme on disait. À la mongole en fait. Il portait souvent un costume ou des pantalons de golf, car c'était important pour lui de rester chic en toutes circonstances. Dans mon souvenir, je ne l'ai jamais vu en jogging, mais toujours avec sa pipe et son chien. À croire qu'il dormait avec eux ! Ah, ce Soyous…

Né à Paris en février 1939, mon père est le fils du prince Alexandre Galitzine et d'Hélène Bonnel. Homme de tradition orthodoxe, mon père était donc français d'origine russe. Il est « né au ciel », comme on dit chez les orthodoxes, le 5 septembre 2005. Il avait alors 66 ans. Ce cher père est donc monté au ciel, nu comme un ver, lui qui avait toujours su conserver une certaine élégance. Mon père… Tout un poème… Il portait des chemises en tissu anti-stress. Il les avait commandées d'un clic sur le Net, les trouvant dans le catalogue de L'Homme Moderne. Des chemises « 100 % en tissu anti-stress » ?

Eh oui, ils l'ont inventé! Et mon père en a acheté une sacrée pile: depuis des années, il devait les enfiler le soir avant de passer à table en famille... Il faut reconnaître qu'il n'était pas très à l'aise à table à ces moments. Soyons précis: en famille, il n'était pas très à l'aise tout court. Un rien pouvait l'irriter: le froissement d'un sac plastique, un coude posé sur la table, une position avachie d'un convive, un morceau de fromage non coupé dans les règles de l'art... À ces moments, pas de discussion possible: c'est lui qui avait raison. Lui et toute sa maniaquerie. Pour nous taquiner, il nous disait que nous étions « paresseux, bordéliques et communistes ». Oui, communistes! Nous, ses propres enfants! Sacrée épithète venant d'un descendant de Russes blancs.

Malgré son allure et son accent bien français, mon père était viscéralement russe et orthodoxe. Comme Richard Anconina dans le film *Itinéraire d'un enfant gâté*, il écoutait religieusement ses cassettes audio pour apprendre la langue de ses pères. Il se rendait souvent le soir dans des cabarets russes à Paris pour y chanter. Des tavernes où la vodka coulait à flots. Et pourtant, ce n'était pas un être très joyeux, mon géniteur. Il était lui aussi mangé par la mélancolie... Avec son frère et sa sœur, ils adoraient parler encore et encore de la Sainte Russie, des ancêtres, de l'histoire de notre famille. Mon père se rendait souvent à l'église orthodoxe, rue Daru à Paris, où il écoutait très souvent les vêpres et les offices en slavon. Tous les trois aimaient bien côtoyer d'autres Russes blancs et parler ensemble du passé. Mon père était aussi très proche de ma nièce Anna, une petite fille russe adoptée par ma tante Catherine. Je peux même dire que j'étais parfois piquée par la jalousie tellement je sentais qu'il était sensible au destin de cette enfant au sang 100 % russe.

J'ai hérité de cette douce mélancolie. Pour autant, elle ne me tire pas vers le bas. C'est plutôt une manière de me sentir vivante, de percevoir la vie en relief. J'ai l'impression qu'elle saupoudre ma vie de poésie et de romantisme. Certains jours, pourtant, je souhaiterais quand même être plus légère… Les années passant, j'apprends à mieux me connaître et à danser avec ces états d'âme, à traverser ces émotions, à vivre cette sensibilité, ce côté un peu trop tourné vers le passé parfois. Grâce à mes études et un travail sur moi, j'ai désormais de nombreux outils afin de rester et demeurer créative et dans le mouvement de la vie : le souffle, la respiration, la danse et surtout le Christ. Comme me dit souvent mon mari : « Jésus mon souffle… »

Ah, j'oubliais de vous dire : mon père s'est marié quatre fois… Divorcé en premières noces de Catherine B., en secondes noces de Marie P. ma mère, en troisièmes noces d'une autre Marie M., mais époux, en quatrièmes noces, d'une autre Sophie S. ! Eh oui… Et je ne parle que des mariages officiels. Sans doute le fruit d'un gène familial : en Russie, j'ai des grands-oncles qui se sont mariés… cinq fois ! Par chance, je n'en ai pas hérité. L'instabilité affective de mon père n'est pas un héritage facile. Et pourtant, je crois bien qu'à chaque fois, il y croyait. Il pensait avoir trouvé le grand amour ! Par chance, le spectacle de cette inconstance paternelle m'a plutôt poussée à avoir un objectif de fidélité dans mon couple. Dans notre arbre généalogique compliqué, j'apparais donc dans la lignée du deuxième mariage. La pénultième : numéro cinq. Juste avant le petit dernier. Bilan comptable : quatre épouses, six enfants, dont le dernier adopté, orphelin d'un milliardaire du pétrole, qui lui-même avait eu neuf femmes… Mon père s'est remarié avec la mère de Peter Jones, le sixième, après trois semaines de flirt… Et sans nous prévenir de ces nouvelles noces, nous, ses propres enfants issus du deuxième lit. Pas prévenus et donc pas invités à la noce…

Chez mon père, on perçoit bien la caricature du Russe passionné : un mélange de personnage de théâtre et de cinéma ; il a d'ailleurs fait une apparition en 1989 dans *Bille en tête*, un film adapté d'un roman d'Alexandre Jardin. Un livre qui traite d'un séducteur de 16 ans qui folâtre avec une femme de 35 ans. À le voir et à l'entendre, mon père avait bien les dehors du Russe exalté, débordant de cœur, de générosité et de foi en Dieu.

J'ai fini par apprendre qu'il avait eu une enfance triste. Ses propres parents n'étaient pas heureux ensemble et ils entretenaient des maîtresses (chacun d'eux, car ma grand-mère était homosexuelle). Ce couple était très exigeant sur le plan éducatif et donnait peu d'affection à l'enfant. Quand ils jouaient au golf par exemple, mon père devait les attendre pendant des heures dans la voiture. Plus tard, ils l'ont mis dans une pension où il a été abusé sexuellement par un prêtre. Bref, il avait de nombreuses raisons d'être assez bancal affectivement. Mais sa vie mystique criait la soif de son âme et sa vie quotidienne disait ce clivage entre sa chair et son âme.

Des années plus tard, quand je regarde ce père inconstant et absent, je suis moins dure dans mon jugement. Depuis que je suis moi-même devenue maman et que je vis ce défi quotidien d'être parent, je le considère différemment. Je pense qu'il avait une quête de Dieu immense et que seul l'Éternel pouvait vraiment le combler. Lui qui aspirait à plus de hauteur a été sans cesse ramené sur Terre, avec l'appel de sa chair et de ses pulsions qui criaient son besoin de plaire et d'être aimé. Un homme à la personnalité d'artiste et à l'équilibre précaire, né précoce, après un long séjour en couveuse qui l'a sauvé, puis pas assez cajolé par ses parents, ni canalisé, ni valorisé, pour se déployer avec équilibre comme adulte. De plus, comme beaucoup d'hommes de sa génération, il était anti-psy et travail-sur-soi…

Voilà en partie pourquoi j'ai grandi dans l'attente et l'espérance de mots doux, de cadeaux, d'attentions, de mises en garde, d'autorisations et d'interdictions de ce père fantôme dont tout le monde vantait les mérites. Tout le monde, excepté sa famille et ses secrétaires qu'il faisait pleurer régulièrement. J'ai dû croître dans ce cadre mouvant. Je me suis construite avec un homme invisible en fait. Quel homme pourtant ! Un concentré de charme, de poésie et d'originalité pour les personnes de l'extérieur ! Pour nous, il était surtout absent…

Alors, à force de déserter la maison, il avait fini par ne pas être tout à fait à l'aise dans le cadre intime du foyer ; situation cocasse pour un être qui s'est marié aussi souvent, non ? Étonnamment, cette vie de foyer, ce n'était pas trop son truc. Il préférait, et de loin, s'investir beaucoup dans son travail, sur les greens où roulaient les blanches balles de golf d'un trou à l'autre. Vingt ans durant, il a été au service du golf de Saint-Nom-la-Bretèche dont il était directeur et où nous vivions. Puis, mettant le cap sur le sud, il a aussi dirigé les golfs de Bouffemont puis de Pont Royal (Bouches-du-Rhône) où il a même créé, en 1998, la Seve Ballesteros Cup. On lui doit aussi, entre autres, la préface d'un livre de Malcom Campbell sur ce sport. Mon père a ainsi toujours évolué sur les parcours et dans le club house de son golf où il prenait ses repas avec les autres. Bien loin de nous.

Au travail, mon père était un autre homme. Différent de celui que nous côtoyions à la maison. Les gens l'aimaient beaucoup, il était plein de charme, intelligent, bon ami, un peu artiste, poète, on lui demandait souvent conseil. Mon père avait bien d'autres centres d'intérêt que ce sport.

Il appréciait beaucoup le théâtre et, un temps, avait été lui-même comédien. Il a aussi été directeur de pensions et de lycées en France et en Côte d'Ivoire à Abidjan. L'école en général et l'éducation à l'école étaient des sujets qui l'animaient et l'habitaient. Il a d'ailleurs écrit un livre sur l'éducation et l'école libre intitulé *Tant que Marianne fera la classe* (JC Lattès, 1983) et il projetait de passer sa retraite à faire l'école dans un hôpital. Il n'en a pas eu le temps… Je le rejoins aujourd'hui sur le constat que l'école publique met tous les enfants dans le même moule et n'est pas du tout adaptée pour les enfants différents. De plus, être assis 7 heures par jour dans une salle de classe est aberrant pour bien apprendre, et vivre équilibré entre une intelligence et un corps plein d'énergie.

Je me souviens qu'il partait petit-déjeuner à 5 heures du matin. Il adorait aussi travailler dans les cafés. Il menait une autre vie en parallèle. Et puis, sur son terrain de golf, dans son club house, cet homme était brillant. C'était le roi du green ! Un roi reconnu par ses pairs : chaque année, au golf de Saint-Nom-la-Bretèche, en région parisienne, se joue la Coupe de Golf de la Mairie / Trophée Patrice Galitzine… Au détour de son terrain de golf, j'ai déjà entendu des fans : « Ah ! Le prince Patrikaï Alexandrovitch… Quel charisme, quel charme, quel humour, quel sens de la justice ! Ah vraiment, votre père est incroyable, pas banal. Et puis quelle générosité, beaucoup d'esprit ! » Oui, oui, merci. Je suis bien d'accord, pas banal le paternel…

Je sais pourtant, au fond de mon cœur – encore en colère par moments –, que pendant qu'il flirtait, se mariait, se remariait, aimait peut-être, je sais que mon père cherchait Dieu le Père. Dieu notre Père à tous. Dans le silence de l'aube, je l'ai entendu plusieurs fois chanter les matines. Au détour d'une rue, je l'ai vu, tel saint Martin de Tours, donner son manteau à un nécessiteux. Je l'ai aperçu partir, de temps à autre, se recueillir au monastère de Chevetogne en Belgique, chez les frères bénédictins de rite latin et byzantin, ou chez le père Placide, orthodoxe, qui était son accompagnateur spirituel, sans oublier les haltes chez le père Boris, à la cathédrale Saint-Alexandre-Nevsky, l'église orthodoxe russe située au 12 rue Daru, dans le 8e arrondissement de Paris. Il aimait aussi beaucoup la Mère de Dieu, et pas seulement sur les icônes au parement de métal précieux et aux chaudes couleurs. Dans les vapeurs d'encens et au son des mélopées orthodoxes, il faisait silence en son cœur. Loin de tous et en cœur à cœur avec son être profond, il sollicitait aussi l'intercession de saint Séraphin de Sarov, le grand saint contemporain de toutes les Russies. Les yeux parfois humides, mon père priait de tout son cœur cet ermite qu'on disait brûlé intérieurement par la prière. Un saint homme qui communiquait avec les ours et disait que, sur Terre, seule l'acquisition de l'Esprit Saint valait le coup ! Tu n'as plus rien à faire, simplement te laisser pétrir comme de la bonne terre. La classe de la grâce, non ?

De mon côté, pendant qu'il vivait ainsi sa foi, je ne croyais en rien du tout. Ou presque. Et jamais, au grand jamais, il ne fallait me parler de la puissance de la prière, d'un Dieu fait homme et ressuscité, de l'existence des anges ou de celle d'un monde invisible… À cette époque, mon univers était horizontal, ras des pâquerettes, sans transcendance. Je n'étais que routine, peurs, attachements et conditionnements. Je répétais les mêmes comportements : je ne croyais que ce que je voyais, bien matérialiste et sans doute orgueilleuse. Je ne savais pas comment prendre soin de moi et encore moins de mon âme, zappant souvent entre diverses activités, consommatrice sans aucune métaphysique. J'ai pourtant adoré la philosophie, mais à ce moment-là de ma vie, mon univers était très restreint et je n'avais pas encore la foi. Côté amours, j'étais souvent attirée par le même type de « petits copains » : des garçons fragiles, un peu bancals, n'ayant pas reçu le même type d'éducation que moi. Des gars que je voulais sauver… J'allais trop vite, je tombais amoureuse d'un coup. Véritable cœur d'artichaut, je m'enflammais en un instant. Côté petits boulots, dès que je commençais un nouveau job, je l'arrêtais aussitôt, ne supportant pas la contrainte ou la répétition monotone des tâches… J'étais sans doute un brin instable…

4

Départ du père vers le Père

Et pourtant, ce 5 septembre 2005 – je m'en souviens comme si c'était hier ! –, proche de son dernier souffle, mon père a entendu de la bouche de ma sœur Laetitia : « Papa, grâce à toi, j'ai la foi ! » C'était dans son petit appartement de la rue de la Boétie, dans le 8e arrondissement. Il y vivait avec sa quatrième épouse, Sophie, une fille plutôt classique et russe, avec laquelle il n'a pas eu d'enfants. C'était un appartement « cosy » avec une petite pièce chaleureuse aux murs couverts de livres, une petite cuisine et une petite salle de bains.

À ce moment, cela fait des mois que je m'occupe de lui quasiment tous les jours, alors qu'il est victime d'un cancer des poumons foudroyant qui s'est trop vite mué en cancer des os. À cette époque, je joue sur scène le soir une pièce de boulevard qui fait rire les gens. Et je suis donc disponible en journée pour rester à son chevet, partageant des moments ultra-privilégiés, en cœur à cœur. Pour la première fois de ma vie, je me sens à ma place à côté de lui, utile et aimée.

Ce 5 septembre donc, juste après cette révélation spirituelle de ma sœur soufflée à l'oreille de mon père, je retourne dans la cuisine pour répondre au téléphone. Mon père a alors exhalé son ultime soupir. Sans moi. Ma sœur Laetitia, que j'imagine toujours être sa préférée, que j'imagine toujours plus intelligente et plus pieuse que moi, est là, à ses côtés, à cet instant crucial. Quand je sors de la cuisine, téléphone raccroché, et que je le vois agoniser, je me précipite sur lui et tente maladroitement de le masser comme j'avais vu faire sa jolie kiné – celle qu'il n'a pas manqué de draguer jusqu'au bout, alors qu'il n'avait que la peau sur les os ! Mon massage fut infructueux : mon père était en train de naître au ciel.

Quand j'ai compris qu'il avait relâché une ultime fois sa mâchoire, je me suis mise à serrer la mienne. De rage. Et à courir dans tous les sens comme un canard sans tête :

« Oh Papa, tu es là ? Papa ? Tu m'entends mon vieux ? »

Parce que moi, je n'étais pas à côté de lui à l'instant précis où il a rendu l'âme. Je n'étais pas là : je vous ai dit que je répondais au téléphone. À ce fichu téléphone. Pendant cinq mois j'étais là, oui, durant cinq mois je suis restée auprès de lui, lui versant chaque matin son jus d'orange frais avec la pulpe. Je lui ai programmé *Les feux de l'amour* à 13 h 40 à la télévision pour qu'il les regarde depuis son lit de presque-mort. Je l'ai massé, essuyé, lavé, habillé, déshabillé. Et là, au moment le plus important, à l'instant de l'au revoir, je n'étais pas là ! Je répondais à ce fichu téléphone !

« Hé Papa ! Réveille-toi ! Oh tu m'entends ? Hé, vous, là-haut : rendez-moi mon père ! Un Papa par pitié ! »

Quitte à changer donnez-moi un bon père, un vrai père, je ne sais pas moi, débrouillez-vous ! Mais donnez-moi vite quelqu'un, quelque chose, un tuteur, une droite, tracez-moi une verticale dans le dos pour soutenir ma colonne, du sacrum à la nuque ! Soumettez-moi à des règles, soumettez-moi à des lois, des devoirs, appelez la police, donnez-moi des contraventions, des amendes, un Code civil, des travaux forcés ! Engueulez-moi un peu, imposez-moi des stops, des interdits, des tabous, des frustrations ! Non, je ne suis pas masochiste, je cherche juste la bonne santé, la mesure, la tempérance, la prudence, la droiture, un peu de hauteur bon Dieu ! Nommez-moi, légitimez-moi, faites-moi entendre le nom du père, le nom de mon père, mon nom, que je les entende, que ça résonne, que ça vibre, que je l'intègre, que je les intériorise, que je les mâche, que je digère, que ça circule, que je les conserve, que ça ne dépende de rien, que ce soit là, dedans, que je sois ici, ou ailleurs, que j'en sois sûre une bonne fois pour toutes. Je suis la fille du père, la fille de mon père !

5

Fille de divorcés

Mon père nous présentait toujours aux étrangers à la famille avec notre numéro d'arrivée dans la fratrie. Pour chacun de ses enfants, pas de prénom, mais juste un numéro. Trop d'enfants à gérer le bonhomme ? Moi, j'étais la numéro cinq !

Mes parents avaient en commun le goût du chant et de la fête. Ils avaient tous les deux une forte personnalité. Ils étaient assez charismatiques. C'était évidemment haut en couleur à la maison, et pas facile tous les jours non plus pour les enfants qui vivaient auprès d'eux. Nous avions parfois un peu honte avec ma sœur… Quand ils arrivaient dans un lieu, par exemple, vous pouviez parier qu'ils se feraient remarquer. Souvent en disant un mot gentil aux hôtes ou même en poussant la chansonnette.

Comme sa propre mère, mon père était plutôt du genre critique avec sa femme et ses enfants. On ne peut pas dire qu'il était méchant, il était juste mal dans sa peau… Alors, côté encouragements, on n'a pas eu beaucoup de soutien de sa part… En revanche, pour dire ce qui n'allait pas, il était au taquet mon père. Avec en tête l'idée qu'il était dans la vérité quand il faisait des remarques et que cela aide tout le monde à progresser d'être dans la vérité. Rétrospectivement, j'imagine que ma mère devait souvent se plaindre de l'inconduite de mon père et lui faire des reproches sur ses absences.

Conclusion logique : mes parents se séparent alors que je n'ai que 7 ans. J'étais le second enfant de ce couple et j'ai cru comprendre que j'avais été désirée et attendue comme la bouée de sauvetage de leur couple… Ma mère était triste et très affectée par cette séparation. Bien que toute petite, je me souviens d'avoir pris sur moi pour ne pas ajouter de la peine à mes parents lors de cette déchirure de notre foyer. Une déchirure pas très nette en fait : mes parents s'aimaient encore, la séparation n'était pas claire. Nous avons assisté à beaucoup d'allers-retours de mon père à la maison. L'atmosphère était brumeuse pour nous, enfants témoins et spectateurs de cette confusion relationnelle qui traînait et s'étirait… Voilà en fait, ils se sont séparés sans nous le dire officiellement. C'était flou. On ne savait pas trop s'ils s'aimaient encore et puis se sont succédé d'autres femmes au bras de mon père. Je me souviens d'une fête d'anniversaire où il y avait l'autre femme du moment à la même table que ma propre mère et la première épouse de mon père. Et cette dernière de dire : « On est une famille recomposée, moderne ! Et c'est super : tout le monde s'entend bien ! » Je me souviens très bien de la voir, à table, les larmes aux yeux dans cette situation fausse. C'était vraiment une situation très confuse et déstabilisante pour l'enfant que j'étais. À cette époque, la maîtresse d'école dira à ma mère que je suis bien mûre pour mon âge. Sans blague.

Mais bon, ma mère a fait le job comme elle a pu et, à bien des égards, comme il se doit, courageuse et présente, prenant appui sur des jeunes filles au pair. Quasi-mère célibataire, elle a réussi à conjuguer la garde et l'éducation de ses filles avec son travail d'avocate, puis de directrice d'une grosse boîte.

6

Enfance rebelle

Les ingrédients du cocktail explosif étaient réunis : ancêtres déracinés, père absent, parents divorcés… Mon enfance ne pouvait se dérouler sans encombre… Les nouvelles personnes que je rencontre aujourd'hui dans le cadre de mon métier me découvrent souriante, posée et la voix douce. J'ai progressé… En fait, j'étais assez rebelle pour les cathos classiques que je côtoie aujourd'hui et dont je me moquais bien hier. Très vite, enfant, j'ai refusé d'apprendre, de rentrer dans le moule, de suivre les règles… Alors oui, j'ai bien été inscrite aux cours de piano, mais je refusais d'apprendre le solfège. Mon grand-père maternel, polytechnicien, a appris à lire à tous mes cousins, mais pas à moi, car j'ai… refusé ! C'était une façon de dire ma colère de n'avoir pas vraiment de père peut-être. En tout cas, c'était un refus de me soumettre à quelque règle ou contrainte que ce soit. Un refus quasi systématique qui illustrait aussi un immense besoin de liberté. Sans doute une fausse liberté, car je sais aujourd'hui à quel point un cadre permet d'être libre, un cadre nécessaire même pour être et créer librement. À vrai dire, toute parole, toute morale, toute contrainte extérieure que je n'avais pas intériorisée, me faisaient violence. J'avais besoin de prendre le temps de discerner de l'intérieur si cela était en accord avec mon moi profond.

En ouvrant la boîte à souvenirs avec mes enfants, quand je regarde les photographies où je suis parmi mes cousins et cousines, à l'âge de 5 ou 7 ans, ce n'est difficile de me repérer : je suis la seule en jeans et baskets, alors que les autres filles sont en robe à smocks… J'avais un petit côté garçon manqué.

Mes parents m'ont inscrite à l'école Sainte-Marie de Neuilly : j'appréciais l'ambiance avec les filles, j'avais de très bonnes amies et j'aimais certains professeurs qui m'ont marquée ; ma maîtresse de CM2 m'a appelée récemment… J'y ai rencontré, en CM1, celle qui deviendra ma meilleure amie depuis lors, Cécile. En revanche, j'étais plus critique sur l'aspect catholique, les messes, les chants et l'uniforme… Oui, j'avais de bonnes amies, mais, quand même, c'était un peu dur pour moi ce cadre aussi typé… J'étais un peu « *out of the box* » à l'époque : j'ai reçu le sacrement de confirmation à la paroisse Saint-Ferdinand-des-Ternes avec des santiags aux pieds… Avec le recul, je réalise quand même tout ce que j'ai reçu de bon là-bas. Et les amies de l'époque viennent au théâtre aujourd'hui. Des amitiés fidèles. C'est beau !

Au collège, je me fichais pas mal des cours, mais j'aimais bien les relations sociales. Je m'ennuyais, je ne travaillais pas beaucoup, mais les résultats scolaires étaient corrects : chaque année, je passais au niveau supérieur. Plus tard, au collège Carnot, je découvre ma grande amie Vanessa, et, par extension, Émilie, puis au lycée Montaigne, je rencontre ma bande chérie : Mia, Altinaï (princesse du Monténégro, comme moi un peu rebelle et en Dr. Martens au bal des débutantes), Anne (grande philosophe), et au-delà, celles qui deviendront aussi mes sœurs de cœur, Alice et Julie. Avec un profil plus littéraire que matheux, j'ai apprécié les cours de philosophie ; matière que j'ai ensuite étudiée à l'université. Je cherchais déjà un sens à ma vie... Durant cette adolescence, j'ai eu des petits copains, j'ai fumé des joints, mais je n'ai jamais bu d'alcool.

À ce moment aussi, il y avait l'attrait de la scène. Comme un aimant, j'ai toujours été attirée par la comédie. J'ai tout le temps aimé jouer et danser naturellement et spontanément. À la maison, je prenais le temps d'organiser spectacles sur spectacles. Je dansais sur les tubes de Madonna et tous les autres succès du Top 50. Ah! J'adorais cela. Quand nous nous retrouvions en famille chez mes grands-parents, dans leur maison de Fontainebleau, je préparais des saynètes avec mes cousins dans le jardin. Oui, j'avais un besoin impérieux de jouer, mais aussi d'être vue et appréciée en premier lieu par mon père.

Voyant cet intérêt, mes parents n'ont pas tardé à m'inscrire dans des cours de théâtre municipaux. À partir de 12 ans, j'évoluais dans l'Interclub 17, rue de Saussure dans le 17e. C'est là que j'ai rencontré ma première troupe, dont certains membres sont restés des amis. Je garde de cette époque de très bons souvenirs d'amitiés et de théâtre. Après, je suis allée suivre une formation théâtrale de deux ans dans une école plus professionnelle, celle de l'Atelier international de Blanche Salant et de Paul Weaver, puis des stages au Studio Pygmalion et au Cours Simon, ainsi que des stages de clown et d'acting devant la caméra. Aaaaah! J'ai adoré tout ce travail sur le corps, les émotions, l'imaginaire, l'improvisation, la voix. Quelle satisfaction que de s'autoriser à tout jouer, sans morale extérieure, ni jugement! Tout est bienvenu sur scène: la plus grande folie ou l'immense profondeur, la délicatesse, la brutalité, la sauvagerie, la gravité… Nous avons acquis une grande liberté pour exprimer alors toute la palette des sentiments humains dans un cadre sûr.

7

Théâtre et agression sexuelle

Ils parlaient de ce cours de théâtre parisien à la radio avec juste… un jingle de pub ! C'est étrange, non ? Et un peu léger comme référence… À cette époque, je suis en troisième au lycée Carnot. Ma grande amie Ondine s'est inscrite à ce cours formant de futurs professionnels, alors moi aussi j'y vais. Mais attention, on est très loin de l'ambiance ludique de l'Interclub 17 ! Le cours a lieu au sous-sol, dans une grande cave aménagée, où nous tâchons d'interpréter des personnages et des émotions fortes, parfois pas du tout ajustés pour nos âges. Globalement, il faut souffrir et se faire mal pour donner de l'émotion sur scène et être un bon acteur. Tout le monde est ici comme dans une grande famille aux pieds de professeurs dont nous sommes fans, pas loin d'une ambiance de secte avec ses gourous.

À la demande de nos deux professeurs, un oncle et son neveu, nous devons donc interpréter de tout. Notamment des scènes de séduction ou de violence, quitte à vraiment frapper le partenaire. Voire à réaliser un faux strip-tease, pour savoir si nous sommes prêts à vivre un jour cette grande aventure du théâtre, du cinéma… Chez les mineurs, il s'agissait de faux effeuillages : on ne se mettait pas en petite culotte, à la différence des « grands ». Ceux qui, garçons ou filles, avaient 17 ou 18 ans… Officiellement, il s'agissait de savoir si nous étions à l'aise sur scène en tant que comédiens… Quand j'y repense aujourd'hui, je peux dire que l'image que j'ai de mon corps a été blessée sur scène avec ces professeurs qui prononçaient des phrases vraiment maladroites et qui ont quand même abusé de notre confiance en nous mettant dans des situations vraiment malsaines.

Ah ! J'oubliais : pour ces professeurs intransigeants, nous devons aussi être belles et minces. Bon, à ce moment, j'ai 15 ans et je ne suis ni belle ni mince. Comme cela arrive souvent à cet âge, mon visage est plutôt grêlé de boutons et je suis rondouillarde. Bon, je fais ce que je peux pour me camoufler dans un pantalon « baggy », ambiance Diam's. Mais un jour, un des deux professeurs, celui de 48 ans dont je suis fan, me lance que j'ai le profil d'une bouteille de Perrier… Waouh, ça fait mal pour l'estime de soi…

Dans cette sombre cave aménagée en classe de théâtre, deux pauvres chaises sont glissées derrière un bureau : une pour le professeur, une pour l'élève qui viendra s'y asseoir pour se faire tripoter dans l'ombre. À l'arrière, on trouve aussi une pièce. Le petit curieux qui regardera par le trou de la serrure pourra apercevoir ledit professeur recevoir une fellation d'une élève jeune adulte complètement sous emprise. La jeune élève, qui a entre 10 et 14 ans, a pu aussi regarder par le trou de la serrure et enregistrer cette image désormais gravée à vie dans son corps-cœur-âme…

Notre groupe d'élèves forme un groupe hétéroclite d'adolescents et d'adultes. Nous sommes souvent invités à dîner et à dormir chez un des deux professeurs et sa femme. Sur place, nous tirons les cartes, faisons tourner les tables, parlons aux morts. Bref, une ambiance des plus fumeuses ! Certains d'entre nous « bénéficient » des attouchements du professeur tout-puissant. Sa femme, une ancienne élève « montée de la province à Paris » et pleine d'espoir pour les lumières de la scène, est-elle au courant ? Je n'en ai pas la moindre idée. Je sais juste qu'elle se fait vomir dès qu'elle se nourrit, la pauvre femme… *A posteriori*, je pense que nous étions tous des élèves vulnérables, tous en quête de père. Nos blessures narcissiques étaient des invitations flagrantes à se faire abuser, psychologiquement ou physiquement, par n'importe quel loup capable de laisser une griffure indélébile dans nos corps-cœur-âme. Une empreinte faite parfois de manière très subtile, mais bien réelle ! Et tristement banale.

En effet, à force d'écouter l'actualité, j'ai l'impression que c'est banal d'avoir été abusée ou violée désormais. Trois enfants par classe seraient concernés, dit-on. Moi, j'avais 17 ans tandis que mon agresseur, le neveu de mon professeur tout-puissant, lui-même professeur de théâtre, avait presque 40 ans. Cette fracture m'a tellement blessée. Elle m'a ralentie pendant… 20 ans ? 30 ans ? Elle m'a troublée dans mes choix, dans mes orientations de vie, dans ma confiance en moi. Dès lors, je commençais quelque chose, puis je le sabotais. Je débutais ensuite une autre activité, que je sabotais à son tour. Et ainsi de suite. Un cercle infernal.

J'ai écrit une scène un peu cathartique dans *Je danserai pour toi*, un seul-en-scène sur ma rencontre avec le Christ et mon chemin de traverse puis de résilience. J'ai voulu mettre à distance cette époque de trahison, de trouble, de violence. J'ai voulu en rire, en la singeant, comme dans cette scène poussée à l'extrême mais pas si loin de l'ambiance globale en fait…

— OK, action, monte sur le plateau ! Grimpe, avance, recule, tourne-toi, traverse, regarde-moi. Oui, c'est bien, t'es bonne, t'es à l'aise ! T'as du talent tu sais ? T'iras loin... si t'as faim ! Par contre, t'as une jupe. Tu dois porter une jupe ! Oh putain ! Une vraie bouteille de Perrier celle-là ! Eh bien on comprend qu'il y ait des mecs qui soient pédés ! Une jupe, tu sais ce que c'est une jupe ? Et puis des bas ! Résille, les bas !
— ...
— OK, suivante ! Bouge ! Grimpe-lui dessus ! OK ! Tu peux jouer avec lui un peu plus, aller le chercher, le taquiner, c'est de l'amour merde ! On va voir ce que t'as dans le ventre ! T'es comédienne ou pas ?
— J'ai 15 ans...
— Quoi ? T'as 15 ans ? Pfff, on s'en fout ! T'es actrice ou t'es pas actrice ? Yes or no ? OK, écarte, déshabille, ouvre ! Écarte, pas les bras mais les jambes ! Oh putain ! Elle s'est crue sur la croix ! Hé ! T'as jamais chevauché ?
— ...
— Oh putain, je m'emmerde... On n'est pas dans du « fake » ! Ici, on est dans le réel, tu préférerais jouer du Molière ? Ah ! Attendez ! Pause. Bougez pas : je capte une info ! OK ! Go, connexion, ciel ouvert, inspire, expire, réception ! Présence : j'écoute, je reçois. Dedans, dedans, la clé est dedans ! OK, tu te serais fait brûler au Moyen Âge sur la place publique dans une ancienne vie, parce que t'étais prostituée, OK ! Vieille mémoire, trauma. Je comprends mieux pourquoi tu résistes. Bon y'a du boulot ma cocotte !
— ...
— OK ! Suivant, plateau, donne ton texte ! Dis donc, viens voir bonhomme. J'ai eu ta mère au téléphone, paraîtrait qu'elle t'a inscrit ici pour restauration

narcissique, paraîtrait que le cousin côté père, il aurait un peu abusé.

— ...

— C'est bon ! Chiale pas, ça peut arriver à tout le monde ! Et s'il le faut, on dira que c'était du « consentement mutuel », comme on dit ! OK, avance, traverse, recule. Bon, en tout cas, j'ai pensé, on va se voir en tête à tête ce soir après le cours, c'est comme au cheval, après une bonne chute, faut remonter dessus direct ! T'inquiète, ça s'appelle la résilience ! T'inquiète, j'te dis, je suis mandaté pour ça, ma mission : aider les jeunes. J'ai reçu, je rends, gratitude, humilité, abandon. J'ai des mains en or, tu vas voir bonhomme, feu dans mes mains, énergie, guérison ! Vers toi, pour toi bonhomme !

— ...

— Bon, écoutez-moi tous ! Le thème du spectacle cette année sera la sexualité sadomasochiste en lien avec l'archétype vampire et les femmes aux vagins dentés. C'est le psychanalyste Lacan qui en parle. On va aller explorer tout ça ! On va leur en mettre plein la vue à vos familles, on va leur montrer leurs fantasmes en plein jour, j'ai envie de dire ! Tout vient du ventre, voyage, traverse, OK respire, inspire, cadre, bienveillance, c'est que de l'art tout ça ! Tu veux décrocher ton Molière ?

Cette scène « ordinaire » se déroule à Paris, dans le 13e arrondissement. Et dans ce cours « classique » de théâtre parisien, nous ne sommes, dans la grande majorité, que des petites minettes en quête de reconnaissance et qui veulent être comédiennes. Ces adultes étaient bien étranges quand même. Outre leurs pratiques de magie et de communication avec l'au-delà, ils appartenaient à la franc-maçonnerie. L'un d'eux disait même qu'il voyait des événements dans le futur et s'en servait pour nous manipuler, abusant de notre crédulité. Cette dimension spirituelle sentait le soufre. Quand j'y songe, je me dis qu'il y avait vraiment une ambiance sectaire, mélange de séduction et de spiritualité.

Nous étions plusieurs dans la jeune équipe à subir la même chose. Sans le savoir. Il y a eu aussi des garçons qui ont été abusés. Cette ambiance incestueuse, cette ambiance dégoûtante, a duré deux ans avant que ne soit commis un viol. Après, j'ai quitté le cours. J'avais alors 17 ans.

Ma mère n'a rien vu, et cela a été évidemment très douloureux pour elle aussi, après coup, d'apprendre la vérité. À ce moment, j'habitais chez elle, mais elle était sur son nuage : elle venait de rencontrer mon beau-père et travaillait beaucoup. Elle n'avait d'yeux que pour lui ! Alors elle m'a juste inscrite à ce cours de théâtre et voilà. Pourtant, assez vite, je suis allée dormir chez ces professeurs. Nous étions comme une pseudo famille ! Et à l'époque on parlait moins de tous ces abus et ambiances confuses et totalement bancales. Et, comme souvent dans ces situations d'emprise et d'abus, la personne victime, sidérée et comme compartimentée, ne voit pas, ne discerne pas que cela la blesse en profondeur et pour un bon moment.

Mais j'avais tellement soif d'être aimée, d'être connue. D'avoir un père adoptif moins bancal et fantôme que mon propre père de sang, quoi ! J'avais un bon profil de victime en fait… Il se trouve que le professeur qui m'a violée ressemble énormément à mon père, à mes frères. Des types avec un physique de nounours rassurant et tendre… Moi, j'étais complètement fascinée. Vraiment, sous emprise quoi ! Mais cette attirance ne relevait aucunement d'une intention sexuelle. J'avais juste ce besoin immense d'être protégée, rassurée. J'avais soif d'amour filial, d'affection paternelle, de sécurité. J'étais juste une adolescente et encore une enfant…

Il y a eu une effraction. Il y a eu des attouchements. Il y a eu un viol. Et il y a eu de la sidération : mon cerveau s'est comme fracturé. Après la nuit où je me suis fait agresser par ce professeur, chez lui, je suis rentrée chez moi comme un zombie. J'ai eu la sensation d'avoir vécu un truc vraiment sale et douloureux. Vraiment dégoûtant. Et je me suis murée dans le silence pour un long moment. Avec une sorte de dissociation, dans ma tête, qui m'a protégée. Et c'est seulement après des années de silence que j'ai pu en parler. Il y a eu ce qu'on appelle le déni. Pour survivre.

8

Survie psychologique

Cette situation de déni m'a conduite pour la première fois chez un psychologue : je souffrais d'un mal-être sans trop savoir pourquoi, j'avais peu d'estime de moi. J'ai donc commencé à suivre une thérapie. J'avais 16 ou 17 ans.

Certes, statistiquement, nous sommes nombreux, nous les descendants de Russes blancs émigrés, à passer par cette case psy. Je me sentais effectivement assez décalée avec ma réalité de Parisienne moderne confrontée à l'histoire flamboyante de mes ancêtres. Un jour, ma photographie s'est retrouvée imprimée en quadrichromie dans la revue en papier glacé *Point de vue, images du monde*. La même semaine, la serveuse de notre QG – le bar en face du lycée Carnot – est venue vers moi, devant tous mes amis, en brandissant la page du journal et la photo de ma famille : « C'est vous ? » J'avais trop honte… Bêtement…

Avec un psy, j'ai commencé ce travail sur moi, car mes troubles du comportement alimentaire avaient commencé. Une importante perte de poids m'a même empêchée de me présenter à mon bac de français. Bon, c'est assez classique pour une jeune occidentale de 15 ans de souffrir de l'image qu'elle se fait de son corps. Mais cette maladie a dégénéré : elle a duré trop longtemps et s'est transformée en boulimie. Les personnes anorexiques ou boulimiques vivent un combat qui ne se voit pas forcément. Un combat de l'ombre qui monopolise leurs journées et qui prend toute la place dans leur tête et leur cœur.

À ce moment de ma vie, j'exerce un puissant contrôle sur mon corps. Un corps que je hais de toutes mes forces. Il incarne trop une culpabilité que je porte et que j'ai toujours d'ailleurs. Et beaucoup d'angoisse. Je n'arrive pourtant pas à nommer ce qui me fait mal et j'ingurgite de grosses portions de nourriture pour panser ma plaie et combler un vide. Puis, mon corps ne les supportant pas, je file dans la salle de bains pour m'en délester.

Les femmes boulimiques anorexiques sont toutes très différentes, elles peuvent venir de tous les milieux, avoir tous les métiers du monde, des apparences heureuses, et pourtant, derrière ce grand sourire et cette vitrine souvent « parfaite », il y a toute une stratégie de drogué pour pouvoir assouvir leurs pulsions, se libérer de l'angoisse et combler le trou d'amour. Notre société est une société de « camés » et quand nous mourrons nous serons face à notre vide et repenserons à tout ce temps perdu devant Netflix, à consommer, sans jamais s'arrêter pour prendre soin de notre âme et penser le sens de nos vies, de nos morts, avec une vision plus large que la vision animale et dictatoriale du tout, tout de suite et tout le temps.

À nouveau, j'ai écrit une scène pour sourire avec tendresse, empathie et compassion à la relation entre mon corps blessé et mon frigo… Je vous présente donc Charlie, mon frigo et moi. Je m'appelle Louison dans le spectacle *Je danserai pour toi*, histoire de choisir un prénom de femme que j'imagine libre, genre cavalière à cru et au galop. Un moyen de faire un pas de côté avec mon vrai prénom et ma vraie vie. En art-thérapie, on appelle cela la stratégie du détour !

— Hé, Charlie ! T'as pas un petit truc pour ta Louison à se mettre sous la dent ? Un petit quelque chose pour ta petite Louison d'amour, pour calmer sa putain d'angoisse, Charlie ? J'ai faiiiiiimmmmmm, ouvre la porte Charliiiiiiiiiiie ! Des Granola, Charlie ? Des deux-doigts-coupent-faim, des french fries, une p'tite part d'apple pie, des bananes au Nutella, des Kellogg's Extra, des croissants chauds, des chocolatines du sud-ouest, du Milka-violet-noisettes ?
— ...
— Ou sinon, t'as du saumon Charlie ? Du riz sauvage, des tagliatelles colorées, des potatoes au four parmesan, des chicken nuggets, un big mac ? Charlie, donne-moi un big mac ! Et un peu d'amour s'il te plaît. Charlie ?

Ma mère s'est décidée à m'accompagner chez un psy au moment où j'ai séché l'épreuve du bac de français donc. Oui, je ne m'y étais pas rendue. Ce n'est pas très glorieux, mais j'avais arrêté de me nourrir à ce moment-là et j'étais sans force. J'ai dû passer l'examen lors de la session de rattrapage de septembre... Avec ce thérapeute, je n'ai pas parlé une seconde de l'agression sexuelle. Même pas une allusion. Peut-être pour une question de déni de la réalité, ce mécanisme de défense qui m'a protégée un moment. Je ne sais même pas si je lui ai caché volontairement ou non la vérité. Le déni peut durer le temps nécessaire pour ne plus se faire de mal au cas où la réalité remontait à la conscience; il peut même durer toute une vie… Et puis après, une fois que la personne est prête et a le désir de découvrir cette vérité, la conscience et le corps font le travail et elle surgit. C'est incroyable d'imaginer que nous n'avons accès qu'à une toute petite partie de notre cerveau et de notre conscience. Une bien plus grande partie compose notre inconscient, notre refoulé, et s'exprime et se symbolise dans nos rêves ou nos symptômes, voire nos actes manqués. C'est passionnant de tirer ce fil de la conscience au fur et à mesure de notre vie, même si c'est rarement agréable de retirer nos œillères, d'éplucher l'oignon qui compose notre histoire personnelle et de se retrouver dépouillé et vulnérable.

À cette période de ma vie, je suis en suractivité. Toujours occupée à faire quelque chose avec beaucoup de plaisir et de joie. Quand je pense à mes 20 ans, ce sont des bons souvenirs, même si je traîne ma blessure. Les images et impressions me remontent en tête avec délice. Je pense surtout à des moments avec différentes compagnies de théâtre, avec les copains, les amis, le plaisir de jouer sur scène et d'aller boire un coup ensuite avec la troupe pour refaire une nouvelle fois le monde. À Paris, les sollicitations pour faire la fête ne manquaient pas. À cette époque, j'ai aussi été animatrice à la télévision pendant deux ou trois années sur Fun TV, une chaîne musicale visible sur le câble. Nous étions à cette époque dans les mêmes bureaux que l'équipe de M6 du « Morning live » avec Michaël Youn et toute la clique. J'ai eu droit aux sketches et douces folies tous les matins en direct! Nous devions nous écrire des sketches aussi chaque jour en live et intervenir sur une émission pseudo politique en commentant en direct et en étant drôles et efficaces. Un exercice délicat! J'ai également présenté une émission musicale avec le fameux Magloire et reçu pas mal de rappeurs de l'époque, dont

Akhenaton du groupe IAM (que j'écoute encore avec bonheur) ou Rohff.

Chaque matin, dès lors que le « on air » était allumé à l'entrée du studio, je me devais d'être souriante et dynamique, même si j'avais eu des soucis la veille ou le matin même. Enthousiaste et prête à rire, à en avoir mal aux zygomatiques ! Mais au bout d'un moment, ce côté excessif en permanence et totalement faux a fini par avoir raison de moi. Tu ne peux pas, quand tu es animateur à la télévision, être complètement toi-même avec tes émotions et ton authenticité. Tu es nécessairement contrainte d'être lisse, dynamique, faussement heureuse et efficace. J'étais pour le coup complètement déconnectée de mon âme, le visage caché derrière le masque d'une grosse couche de maquillage. J'ai quand même gardé de très bons souvenirs de cette époque avec l'ambiance d'équipe, les trajets en taxi en sortant de l'émission pour se rendre directement au théâtre pour jouer à Montparnasse avec ma chère troupe « L'Art brabulle ».

Cette compagnie compose mon noyau dur, mes amis chers : en tout premier lieu, ma metteuse en scène chérie, ma sœur de cœur, la talentueuse Florence Savignat, puis Guillaume Bouchède, Guillaume Mélanie, Jean Franco… Année après année, ils continuent de jouer et d'écrire pour le théâtre avec talent. S'il arrivait quelque chose d'important à l'un de nous, nous nous retrouverions, malgré nos vies bien chargées et parfois nos trajectoires différentes.

À l'époque, nous interprétions *Mes meilleurs ennuis* ou *Electro cardiodrame*, puis, en deuxième partie de soirée, nous nous glissions dans une rame de métro de la ligne 4 jusqu'à Châtelet-les-Halles pour aller jouer un deuxième spectacle à 21 heures. C'était *Au Petit Bonheur la Chance* au Théâtre Essaïon, une comédie musicale mêlant humour, paillettes, changements de costumes, chansons… C'était gai et cela nous faisait tenir ! J'y jouais tour à tour Lucie, la femme de la préhistoire, Maryline Monroe, puis une danseuse de tango. On riait tellement en coulisses et au bar après. Et pourtant, il y subsistait toujours une part de moi qui ne se sentait pas contentée et isolée, décalée avec le reste du monde et ce réel-là. J'avais soif de plus !

Quand je repense à cette période, je me demande si cette suractivité n'était pas aussi là pour compenser, fuir, oublier ou faire avec… Oui, j'avais sans doute peur du silence ou de la solitude, et pourtant je ne les connaissais pas. À part de rares moments de scène peut-être, je n'ai pas trop de souvenirs d'intimité avec moi-même.

« Connais-toi toi-même », conseille le philosophe Socrate. Ah ! Qu'est-ce que j'ai pu apprécier les cours de philosophie au lycée, puis à l'université, notamment les écrits d'Alain ou les réflexions sur la recherche du bonheur chez Aristote. Je voulais connaître et réfléchir davantage en profondeur. Alors, j'ai poursuivi les cours à l'université, car j'aimais aussi le grec et le latin. Cela m'amusait de faire des versions latines et grecques, de me plonger dans des réflexions de philosophie politique et morale, sans oublier les travaux sur la phénoménologie. Je sentais que cela me nourrissait en profondeur. J'en avais besoin. J'étais épistémophile : j'avais une intarissable soif d'apprendre et de comprendre !

La philosophie, la psychologie et la théologie me nourrissent encore en profondeur et m'intéressent réellement. À leur contact, je me sens moins inculte et plus vivante, nourrie par des aliments qui demeurent et contribuent grandement au sens de ma présence sur terre et de mon humanité.

9

En parler à ses proches

Dans ma famille, je suis le fruit du deuxième mariage. Au premier mariage, ils sont trois enfants. Paul, Anne et Dimitri, mes frères et sœurs chéris, nous sommes proches comme si nous avions même père et même mère. Je parlerai de ma sœur Anne plus loin, mais pour ce qui est de Paul, c'est mon grand frère chéri, professeur de golf, comme le padré le lui a transmis, pudique, très drôle, d'une grande tendresse, qui n'a jamais critiqué une seule personne dans son dos. Il a quelque chose de pur, de bon. Ils ont beaucoup de points communs avec notre sœur Laetitia, car ils partagent une bande d'amis et le goût du cinéma. Quant à mon grand frère Dimitri, nous sommes très proches car on peut dire je crois que nous nous ressemblons. Sagittaires tous les deux, nous avons partagé la passion des chevaux, une certaine quête d'idéal, de bonnes blessures affectives, et une grande soif spirituelle et de sens. Nous avons vécu une année ensemble quand j'étais à Toulouse pour ma philo. Deuxième mariage, deux enfants, dont Laetitia : nous sommes très très proches, on se connaît par cœur, on a tout vécu ensemble, nous sommes aussi très différentes et, paraît-il, nous nous ressemblons beaucoup physiquement et dans la manière de parler – les tics, le rythme, les expressions, le souffle. Je l'exaspère par mon côté bohème et free style et elle me met la pression par son côté parfaite dans l'organisation et la logistique, tout ce que je ne possède pas. Mais elle est touchée par mon art et m'encourage. Elle a deux enfants merveilleux : Liouba et Vadim, deux jeunes ados issus d'une première union avec un homme fragile, elle est aujourd'hui mariée avec Hugo, mon cher beau-frère, qui assure tous les films du cinéma français et s'est pris de passion pour ma pièce *Je danserai pour toi*, qu'il est en train de développer et co-produire pour le cinéma. Ce long métrage à venir est écrit et réalisé par Philippe Liégeois, devenu depuis un ami, qui a la foi, mais qui n'est pas catholique pratiquant, comme on dit. Avec une grande délicatesse et une grande profondeur, il sert cette histoire, qui témoigne de ma rencontre du Christ, au plus juste, avec soin et respect. Il a lu, pour ce faire, tous les livres de théologie et vies des saints qui existent sur cette terre, avec un faible pour Simone Weil, la philosophe, jusqu'à *La Somme* de saint Thomas d'Aquin ! Je suis consultante sur le film. Laetitia, elle, produit des films et cartonne ! Elle n'est pas du tout de ce milieu dans son cœur, et a ainsi, je crois, dans le milieu une belle réputation de productrice pleine d'humanité. Puis au troisième mariage, il y a un fils adoptif. Et au quatrième mariage : pas d'enfants. Nous avons grandi avec les aînés car ma mère, généreuse, s'en est occupée assez longtemps. Pour schématiser, elle a débarqué dans la vie de mon père à 24 ans et a pris en charge trois beaux-enfants ; la première femme de mon père était fragile psychiquement et ne pouvait assurer cette charge. Ma grande sœur Anne, l'aînée du premier mariage de mon père, a hélas hérité de cette fragilité ! De mon côté, j'ai toujours considéré ces trois enfants comme mes frères et sœurs. J'imagine pourtant qu'ils se sont sentis moins aimés que nous par ma mère de sang. À cette époque, les trois logeaient dans des chambres de bonne au dernier étage de l'immeuble, alors que ma sœur de sang et moi-même habitions dans le même appartement que mes parents et avions chacune une chambre confortable. Les trois aînés ont eu quand même une enfance moins heureuse que la nôtre : une mère malade, un père absent, une belle-mère sympa peut-être, mais qui ne reste qu'une belle-mère et qui, assez jeune, s'est retrouvée avec cinq enfants à charge ! Ils ont mis plus de temps à trouver leur équilibre, ils ont été souvent ballottés, d'écoles en pensions.

C'est dans ce cadre familial, vers l'âge de 18 ans, que j'ai pour la première fois parlé à mon père de ce qui m'était arrivé. Sa première réaction a été hyper maladroite. Dans un premier mouvement, il m'a dit que ce genre d'accident arrivait souvent aux comédiennes… Voilà. C'est tout.

À l'époque, j'avais un ami, très sympathique et assez mûr, qui m'aidait beaucoup. En entendant mon père réagir ainsi, il lui est rentré dans le lard. Il lui a dit : « Mais vous ne vous rendez pas compte ? C'est hyper grave ce qui lui est arrivé et ça l'a beaucoup blessée. Votre réaction est nulle ! » Il l'a vraiment affronté. Un peu plus tard, mon père s'est excusé. Il m'a même proposé qu'on aille ensemble au poste de police pour porter plainte. C'est à ce moment-là que j'ai su que mon propre père avait été lui aussi abusé enfant. Il avait subi des attouchements par des prêtres alors qu'il était élève pensionnaire chez eux. J'ai compris à ce moment combien ce sujet était délicat pour lui aussi.

Quant à ma mère et à ma sœur Laetitia, cette annonce a été un gros choc pour elles deux. Avec une énorme culpabilité pour maman qui m'avait inscrite là-bas sans trop mener d'enquête préalable. Elles m'ont demandé pourquoi je ne les avais pas informées plus tôt! Je n'ai su que dire… C'est très fréquent ce temps de silence. Certaines personnes concernées mettent plus de trente ans pour en parler à quelqu'un, voire jamais… Parfois pas à elles-mêmes.

Mais bon, les années passant, je me dis que la vie est bien faite et qu'il y a un temps pour tout. Si, pendant des années, on n'est pas capable de le raconter, c'est peut-être aussi parce que les autres ne sont pas capables d'entendre cette information. Comme si aucune des deux parties, émetteur et récepteur, n'avait à ce moment les armes pour affronter cette douloureuse réalité.

Et puis, il y a eu aussi cette question de culpabilité personnelle qui m'a longtemps travaillée… Si on reprend les faits, j'étais bien dans la maison de ce professeur, oui. Et pas contre mon gré. Là, il y a de la culpabilité, c'est vrai. Par contre, j'ai dit non, je me suis débattue. Je n'ai pas « consenti » comme on le rappelle aujourd'hui avec le mouvement social #MeToo. Je me suis débattue comme j'ai pu, mais il était plus fort physiquement. J'avais 16 ans et lui 38 quand même! Une crevette et un crabe quoi! Aucune chance donc! La question du consentement est essentielle! Au dernier moment, même s'il y a de la séduction, rien ne justifie de forcer et de violer un homme ou une femme. Encore moins un enfant. Et le phénomène d'emprise est subtil et tellement puissant.

10

Dénonciation à la police

Selon le site officiel de l'administration française : « La loi prévoit pour les infractions sexuelles sur mineur des délais de prescription allongés : la victime mineure dispose d'un délai plus long que le délai ordinaire pour déposer plainte. Ainsi, la victime peut porter plainte jusqu'à 30 ans après sa majorité dans les cas les plus graves comme le viol. Et le dépôt de plainte peut se faire jusqu'à 20 ans après la majorité de la victime dans les cas d'agression sexuelle. Enfin, le dépôt de plainte peut se faire jusqu'à 10 ans après la majorité de la victime dans les autres cas d'infraction sexuelle comme la proposition sexuelle. De plus, il existe une prescription glissante : lorsque l'auteur de l'agression a commis postérieurement de nouvelles agressions à caractère sur un ou plusieurs autres mineurs, le délai commence à courir à compter de la dernière infraction commise. »

J'ai fini par porter plainte. Enfin, j'ai tenté de porter plainte. J'avais près de la vingtaine et le fait d'en avoir parlé à ma mère m'avait incitée à le faire. Dans cette école de théâtre, comme beaucoup d'élèves étaient concernés par ces agissements criminels, nous nous sommes regroupés avec celles et ceux qui s'en sentaient la force pour que justice soit faite. L'enquête s'est étalée sur quatre longues et éprouvantes années. À l'époque, les agresseurs étaient en vie tous les deux et ont donc été interrogés par la police. Mais l'affaire n'a pas abouti. Il y a eu des prescriptions, des points dans le dossier qui n'allaient pas... Bon, comme je l'ai dit, ces deux personnes faisaient partie de la franc-maçonnerie. Cela a peut-être joué en leur faveur, je ne sais pas.

En même temps, moi, j'ai retiré ma plainte. En fait, je l'ai déposée, puis je l'ai retirée. À cause de la culpabilité... Il y a toujours une part de moi qui se sent coupable... Il y a toujours une part de moi qui me souffle à l'oreille que je n'ai rien vu venir et que j'aurais dû partir plus tôt. Mais le cadre dans lequel cet événement s'est passé était tellement tordu, flou. Avant qu'ils n'abusent de moi physiquement, je les aimais ces deux hommes ! J'étais fascinée par leur personnalité, leur charisme, leur allure, leur talent. Je les admirais ! J'étais hyper amoureuse de mon professeur de théâtre, mais comme une adolescente de 15 ans, délaissée par son père, qui est amoureuse d'un gars plus âgé.

Alors oui, j'ai abandonné l'affaire. J'ai eu peur... Je n'avais pas les épaules assez larges pour être confrontée à ces agresseurs. La psychologue du poste de police m'a dit que je ne devrais pas laisser tomber l'accusation. Surtout parce qu'il s'agissait de personnes ayant autorité sur des mineurs, ce qui est encore plus grave. Mais que voulez-vous, malgré le soutien des miens, j'ai eu la frousse. La peur de la confrontation avec ces deux hommes d'un côté, et, de l'autre, l'angoisse de réchauffer le truc, de faire revivre ce passé douloureux. Vous imaginez, en cas de procès, se retrouver face à face avec eux, de reparler entre autres de cette agression sauvage et dégoûtante devant tout le monde ? Et de devoir justifier la raison pour laquelle j'étais chez lui à ce moment ? Mon Dieu…

Ce que je n'ai pas réussi à vivre au poste de police ou devant un juge, je l'ai donc vécu en partie lors d'une thérapie. Dans un travail de Gestalt plus précisément. Cette méthode thérapeutique complète a été créée par Fritz Perls dans les années 1950. Elle prend en compte tous les aspects de l'être humain : le corps, les pensées (mental), la gestion des émotions et la relation sociale. Elle permet d'approfondir la connaissance de soi. Elle donne des outils pour mettre de la conscience sur ce qui est vécu et ressenti pour se libérer d'un passé qui n'a pas été digéré. Une forme de thérapie humaniste qui se vit avec les émotions de son corps.

Une fois, alors que nous étions en groupe, lors d'un exercice, un son terrible est sorti de ma bouche. Mes comparses ont été effrayés. C'était un cri de bête. Un cri « tripal » ! Mais cela m'a fait tellement de bien à moi ! J'ai eu l'impression que c'était comme si ce cri venait du fond des âges, comme s'il était aussi celui d'autres femmes de ma lignée qui auraient été abusées. À ce moment précis, je me suis sentie louve. Animale. Ce cri venait de très loin. Ce fut un cri libérateur !

De temps à autre, je pousse encore ce genre de cri dans la nature. Et cela me fait encore du bien. Je le pousse aussi à l'occasion dans la voiture quand je suis seule : c'est pratique ! Je sais malheureusement qu'il y a encore un reste de fureur au fond de moi… Mon mari me dit parfois que je suis une vraie enragée ! Je pense et constate qu'il est bon de sortir la voix, de courir, de boxer. C'est sain et je le recommande souvent à mes patientes aujourd'hui. Chacun de nous, je crois, a cette énergie de feu à exprimer et, quand nous la refoulons, elle sort autrement, maladroitement. Elle peut blesser notre entourage qui devient alors un punching-ball dans des réactions pas adaptées à notre vie d'adultes, mais qui partent de l'endroit de la blessure d'enfance ou d'adolescence. Il est donc sain de trouver une cible ajustée afin de dépenser cette énergie, de s'apaiser, de transformer la rage et la blessure.

J'ai aussi participé à un groupe de parole de Gestalt pour les troubles du comportement alimentaire commencés après mon agression. J'ai expérimenté combien le travail de groupe peut se révéler puissant et libérateur, grâce au travail de transfert et contre-transfert qui permet de renouveler des liens. Ainsi, telle ou telle personne du groupe ressemble, par son physique ou son comportement, à un de nos proches. Cette ressemblance nous permet, en accord avec cette personne du groupe et du thérapeute, de nous projeter fictivement dans la relation avec ledit proche. Cela nous permet, ici et maintenant, dans ce cercle, de re-visiter une partie de notre histoire et de notre manière d'être en relation avec ce proche. Cela permet aussi de poursuivre le travail sur soi et d'apprendre à être en relation autrement dans nos vies grâce à l'effet-miroir : certes, il nous permet de nous sentir moins seuls dans nos histoires personnelles et nos dysfonctionnements, car nous réalisons que ce qui nous est arrivé est aussi arrivé à d'autres. Mais cet effet-miroir nous permet surtout de zoomer sur ces dysfonctionnements et d'en rechercher la cause ! En gros, l'autre ne m'agace jamais sans raison : cela révèle quelque chose de moi, de mes propres zones d'ombre. Grâce à la technique des jeux de rôles et des psychodrames, nous pouvons rejouer quelques moments difficiles de nos histoires pour les éclairer différemment. Une prise de conscience qui nous permet parfois de les transformer et, surtout, de les laisser quitter notre mémoire.

Grâce à ces partages d'expériences nourrissants et révélateurs, ce groupe m'a permis de réaliser que je n'étais définitivement pas seule à vivre ce genre de choses et que chacune de nous vivait aussi des allers-retours entre sa part lumineuse en bonne santé et sa part blessée plus sombre.

II

Ma chère maman

J'ai grandi dans une famille bourgeoise parisienne. En primaire et pendant une partie du collège, j'ai donc été inscrite dans l'école privée et catholique Sainte-Marie de Neuilly : mon père avait davantage la foi que ma mère et se souciait de cette transmission religieuse dans un monde toujours plus sécularisé. C'était aussi à la période où ils se séparaient, et je pense que ça les a rassurés de m'inscrire dans une institution à l'ambiance plus cadrée et religieuse que celle de la maison.

Ma mère a beaucoup d'énergie et elle est très appréciée des gens qui la rencontrent. Vive, intelligente, elle est très gentille et généreuse. Comme ma grand-mère, elle peut être aussi très triste par moments, voire mélancolique, mais elle s'efforce de ne pas le montrer. En général, elle est réservée et évite de parler d'elle dans le registre de l'intime et de la profondeur. À l'inverse de ses filles, ma sœur et moi, qui sommes en thérapie tout le temps !

Physiquement, je ressemble beaucoup à ma mère : on nous le dit souvent. Elle est de taille et de corpulence moyennes, châtain aux cheveux courts bouclés. Ma mère adore la chanson française et chanter. À l'introspection, elle préfère l'action. Aujourd'hui, à plus de 70 ans, elle vient de créer une maison d'édition : je suis fière et touchée par son énergie et sa créativité.

Elle est la seule fille d'une fratrie de trois où les garçons, surtout l'aîné, brillant polytechnicien, est le centre d'attention d'un père pour qui les études supérieures ont grande importance. Elle a passé son enfance dans l'ombre de ses frères, bien moins considérée par son père que les fils de la famille. Un père très cérébral, grand intellectuel qui n'avait de goût que pour l'intelligence et la connaissance de Descartes, mais était très loin de ses émotions et de son cœur profond. La blessure affective de ma mère est là, bien ancrée, un trou d'amour et l'attente d'une reconnaissance jamais comblée. Sa propre mère, ma grand-mère donc, était une femme assez dépressive, un peu trop soumise sans doute, mais qui trouvait sa liberté dans sa foi sincère et touchante. Femme tendre et chaleureuse, elle était fana de son homme et de sa famille. Elle était aussi riche d'une belle vie intérieure.

J'ai beaucoup parlé de ma mère en thérapie et de son côté excessif, comme beaucoup de mères avec leurs filles sans doute. À nouveau, j'ai écrit une scène dans *Je danserai pour toi*. Une scène bien caricaturale pour illustrer le confort matériel dans lequel nous avons grandi et le côté clown de cette mère très présente et expressive :

Ding dong à la porte de l'appartement.

— Alors ? Ben alors, ça va toi ? Comment ça va toi ? J'te dérange pas ? Bon, je sais, je t'ai déjà appelée cinq fois au téléphone je crois, oui je sais, c'est beaucoup ! À vrai dire, j'me faisais du souci pour toi... Tu n'as pas répondu, alors j'me suis dit : « Il est 10 h 30. Il est 12 h 10. » Et puis je passais par là, du coup j'ai sonné, enfin j'ai poussé la porte, enfin j'ai la clé quoi ! Je m'ennuyais un peu ce matin, je n'avais pas trop de trucs à faire, du coup je suis là !

Le temps de m'habiller et de revenir au salon.

— Alors ma Louison ? Tu t'es habillée ? Oh, t'as mis une chaussette, oh c'est bien ma Louison, bien oui il faut se lever la semaine. Tu veux que je t'aide à mettre ta deuxième chaussette ? Non je rigole ! Eh oui ! Deux jambes, deux pieds ! Miracle de la vie...

— ...

— Et ça va toi ? On dit à sa maman ses colères, ses chagrins pour les évacuer. On raconte à sa maman : médiation, ouverture, chakra, dis à Maman ! Ouvre ouvre ouvre !

Je soupire. Mon visage est fermé.

— Non, je ne voulais pas t'ennuyer, je voulais juste te dire que je t'avais fait un petit virement de 3 000 euros sur ton compte au cas où tu n'aurais pas pu acheter ta carte Navigo. Oui, t'auras un peu de rab. C'est toujours utile si t'as envie de t'acheter un jean. À part ça, comment vas-tu ? Bon, sinon, je voulais te dire qu'il y a un troisième appart' de ton grand-père qui se libère dans le 6e arrondissement, du coup j'ai pensé que ça pouvait être pratique pour toi ! Un appartement dans le 6e, l'autre dans le 5e, et puis ce nouveau dans le 6e au cas où ! Semaine, week-end et jours fériés ! Complétude et abondance ! Bah attends, trois apparts dans Paris gratuits, c'est cool ! Bah attends ! Si on peut, on peut ! Si on ne peut pas, on ne peut pas. Attends, on ne choisit pas sa famille, c'est déjà assez dur comme ça !!! « Être né quelque part » quoi ! Bah qu'est-ce que tu crois ! Bah attends, la vie c'est simple : jouissance-plaisir ! On ne va pas laisser des appartements vides dans Paris ! Attends !

Et puis si un jour t'as des enfants, on n'sait jamais hein ? Un bébé ça a besoin d'espace et d'autonomie.
Re-soupir. Visage encore fermé.
— Oh ! Tu culpabilises ! Confiance ! Confiance, jouissance, confiance, jouissance ! Oh ! Elle s'inquiète ? Bon, va t'acheter un jean ! Jouissance confiance... Petit cadeau de la vie, on dit oui à la vie, on épouse la vie, on accueille simplement, tout tout tout tout, oui oui oui oui oui, et si c'est possible ! Cadeau ! Oui à la vie ! Fluidité quand tu nous tiens !
Je suis muette, triste.
— Bon, allez, maintenant je t'écoute, ben oui tu ne m'as pas dit si ça allait ? Allez, je t'écoute, je t'écoute ! Oui, c'était bien, ça, le théâtre, ça te donnait confiance en toi. Bon, mais c'est loin ça. Non, parce que sous tes grands airs fiers parfois, t'as zéro confiance en toi ma Louison, excuse-moi de te le dire, mais « je te le dis quand même, je t'aiiiiime ! » Non je rigole... Il faut que tu prennes confiance en toi ma fille ! C'est moteur dans la vie l'estime de soi. Restaure ton narcissisme ! C'est important le narcissisme, ma fille ! Au fait, t'as vu mon balayage ! Plus de cheveux blancs ta mère !
— Oui Maman, j'ai vu ton balayage. Cela te va bien, ton balayage, Maman...

La porte de l'appartement s'est enfin refermée. Le silence est revenu. Pffff... Quel tourbillon ! Je suis assommée. Complètement rincée. Oui, la grâce comble l'être humain. Je le sais. Mais elle ne peut entrer chez la personne que là où il y a un vide pour la recevoir. Là, chez ma mère, il y a trop de mots pour l'instant... De mon côté, je traînais mes fêlures depuis un moment et je me suis sentie bien vide à la mort de mon père. C'est là que s'est élargi mon chemin spirituel.

12

Nouvelle formation au théâtre

Comme je vous l'ai dit, je suis enfin tombée sur un excellent cours de théâtre : l'Atelier international de Blanche Salant et de Paul Weaver. Une école américaine où j'ai commencé à apprendre ce qu'est l'intériorité. J'ai suivi un long travail d'apprentissage s'appuyant sur la méthode du russe Stanislavski qui fait partie de l'école américaine. On y parle de la mémoire sensorielle que l'on sollicite pour la scène : on va chercher à revivre de l'intérieur des choses qu'on a vécues et on va les utiliser en tant que comédien. Par exemple, s'il y a une scène où on est seule dans une salle en train d'attendre le résultat d'un test de HIV, on n'aura pas la même tête ni la même posture que si l'on attendait le bus. Et pourtant, dans les deux cas, on est seul en silence sur la scène. La question est donc de savoir comment on va se nourrir de l'intérieur, avec de vraies pensées, cette mémoire sensorielle. Parmi les souvenirs tels l'odeur du café, l'odeur de l'herbe coupée, la sensation de la douche coulant sur la peau, lesquels servent la scène que je dois jouer. Il faut venir réactiver de l'intérieur toute la mémoire sensorielle pour incarner ensuite pleinement le rôle sur scène, pour les spectateurs. Ce travail a été pour moi une porte pour revenir à davantage d'intériorité.

À 27 ans, j'étais donc comédienne. Je gagnais ma vie avec le théâtre et le métier d'animatrice télévisée. Dans ces activités professionnelles, j'étais très dépendante du désir et du regard de l'autre : un soir le public rit, un autre soir non. À une représentation il y a du public. À la suivante, pas grand monde. Et puis, il y avait toutes ces journées guère remplies où je travaillais le soir, enchaînant souvent deux spectacles. Petit problème : je suis de la journée et pas du tout du soir ou de la nuit. J'aime me lever tôt. J'aime vivre le jour et dormir la nuit. Mais à ce moment-là, je me souviens, je sortais de chez moi pour me rendre au travail au moment où les gens rentraient chez eux avec leur baguette de pain sous le bras. J'étais vraiment envieuse de les voir rentrer chez eux et de ne pas avoir à ressortir.

Mais que voulez-vous, j'ai toujours aimé la scène ! Avec des amis, nous avons donc créé notre compagnie de théâtre l'Art Brabulle. Je répète d'ailleurs aux jeunes comédiens, qui débutent et sollicitent des « conseils », de ne pas attendre un casting qui va marcher sur quatre-vingt-dix-neuf qui ne marcheront pas. Je les invite à être entreprenants et à monter leur compagnie : entourés de leurs pairs, qu'ils écrivent, mettent en scène et jouent !

Avec ma compagnie, nous avons donc écrit ensemble des pièces comiques. Là, je me sentais pleinement vivante sur scène, face à un public qui réagissait au quart de tour ! Six soirs sur sept, nous étions sur les planches. On a tenu ce rythme de fous avec les mêmes spectacles durant près de deux années. Rire et faire rire : quel plaisir ! C'était vraiment l'école du café-théâtre, dans un quartier animé près de la tour Montparnasse.

Avec ce genre de pièce, quand tu vas jouer, le spectateur ne peut que rire, même s'il a passé une journée pénible. Et sur scène, c'est pareil ! Qu'il vente ou qu'il neige, que ce soit Noël, un dimanche ou le jour de l'An, que tu ne te sentes pas bien ou que tu te sois engueulée avec ton petit ami : tu-vas-jou-er ! C'est un vrai défi. Là, j'étais avec mes copains. On faisait les clowns, on rigolait bien et on allait boire des coups après. C'était une période merveilleuse.

Mais après avoir brillé sous les feux de la rampe, quand tu rentres chez toi le soir, seule – ou pas –, ce n'est plus du tout la même ambiance… Moi, je me sentais très seule et très vide. Après la scène où l'on a mangé la vie à pleines dents, avec des impressions de satiété et de pleine lumière, on se retrouve toute seule dans la petite loge pour se démaquiller. Dès ce moment, les masques tombent, le roi est nu. La reine aussi.

Alors, après cette expérience de plusieurs mois auprès de mon père malade, j'ai eu envie de continuer à prendre soin de l'autre et d'être active. J'ai alors découvert par hasard que l'art-thérapie mariait avec bonheur la question du soin et celle de l'art. J'ai aussi compris que le théâtre et la créativité pouvaient soigner ! Avant, j'étais uniquement comédienne. J'avais bien suivi des études de philosophie, mais j'étais surtout destinée à être comédienne et seulement comédienne. Mais à cette période, j'ai eu une furieuse envie que mes journées soient plus riches que de juste dépendre du bon vouloir du responsable d'un casting. Pas de doute, la mort de mon père a été l'occasion de changer de vie. Il y a vraiment eu un avant et un après. J'ai eu une folle envie de m'ouvrir à d'autres aspects de la réalité du monde.

13

Formation à l'art-thérapie

Je ne me souviens pas très bien comment j'ai entendu parler de formation en art-thérapie. J'ai dû entendre ou lire cela dans les médias. À cette période, les médecins ont diagnostiqué une schizophrénie chez une de mes sœurs de cœur, déjà évoquée plus haut. Elle a cherché d'autres méthodes que les puissants médicaments pour essayer de se soigner, et notamment du côté des guérisseurs traditionnels. Ces hommes pouvaient peut-être l'aider à être de nouveau en contact avec ses racines africaines – à la différence de certains psychiatres occidentaux qui se contentent juste de plaquer leur savoir, leur culture et leurs projections sur la réalité. Je l'ai accompagnée dans cette aventure sénégalaise. Nous sommes allées dans un hôpital psychiatrique, à Dakar. À l'hôpital Fann, des guérisseurs traditionnels et des psychiatres occidentaux mettaient en commun leurs savoirs. J'étais auprès de mon amie et j'ai assisté aux séances thérapeutiques. En Afrique, c'était normal : là-bas, on sait que si une personne est malade, le groupe dans lequel elle vit est malade. À ce moment, j'étais sa famille en fait. J'ai donc eu la chance d'assister à des séances de Ndeup, mêlant transe et guérison par le chant et le tambour, ainsi qu'une cérémonie d'exorcisme chez les Lébous.

J'ai fini par faire un stage là où ils soignent aussi beaucoup les malades avec le théâtre et la danse. J'ai pu observer comment le rythme, en soutenant la répétition des gestes, permet au mental de se relâcher, de pouvoir transformer ce qui nous habite inconsciemment par le mouvement, comme scandé, comme de l'hypnose. J'ai vu l'intérêt de pouvoir exprimer, par le jeu et la danse, toutes nos émotions, toutes nos blessures, nos colères, nos frustrations. Dans cet espace de jeu où tout est autorisé, on ne se fait pas mal, car c'est cadré et ritualisé. Et ce cadre est un espace sans jugements où les critères habituels de « normalité », de bien/mal, disparaissent. On exprime tout, même le plus bizarre, monstrueux ou étrange en soi.

À la suite de cette expérience, je me suis rendue à Bamako, au Mali. Dans un hôpital psychiatrique, j'ai fait un stage où, à nouveau, on soignait les patients grâce aux médicaments associés à la danse et aux rythmes du tambour. Il s'agissait du Koteba, un théâtre rituel thérapeutique. À partir de là, j'ai donc décidé d'étudier l'art-thérapie.

De retour dans l'Hexagone, je me suis inscrite à l'université à Paris-V et à l'hôpital Sainte-Anne, pour un cursus de trois ans. Il s'agissait d'une formation qui conciliait l'art, le soin, les journées remplies, la curiosité vers l'autre, la créativité, la capacité de penser, associer librement, de suivre son intuition et d'apprendre… Que du bonheur ! J'ai aussi travaillé durant un an avec Marie-Rose Moreau, à l'hôpital Avicenne en Seine-Saint-Denis. Elle réalise tout un travail sur l'anthropologie et la psychiatrie transculturelle. Ainsi, quand elle reçoit des enfants de migrants ou des migrants eux-mêmes, elle ne se contente pas d'user de ses connaissances issues de la médecine occidentale sur la schizophrénie, mais peut aussi prendre en compte l'idée d'une possession par un djinn par exemple (être intelligent, généralement malfaisant, créé de feu, entre l'homme et l'ange, qui peut apparaître sous différentes formes selon la tradition musulmane) en lien avec d'autres psychiatres issus d'autres cultures du monde entier.

Riche de ces découvertes, je me suis aussi intéressée à d'autres approches thérapeutiques par le biais du théâtre et de la danse. J'ai tenté des expériences en tant que professeur de théâtre. Au début du cours, je mettais des tambours et percussions pour laisser venir le son, le mouvement, la danse. J'invitais ainsi les élèves à s'exprimer, danser, chanter, sortir la voix, l'énergie, le feu, le désir de l'acteur et je voyais bien que ça leur donnait plus de corps, de coffre, de puissance, d'ancrage et de confiance en soi. Donc, à nouveau, même si ma volonté n'était pas thérapeutique en tant que simple professeur de théâtre, je voyais les effets thérapeutiques de la musique et des rythmes, et l'intérêt de mettre son corps en mouvement pour créer et oser partir de soi, et être soi. C'est ainsi que je me suis vraiment rapprochée de l'art-thérapie. Mon but était d'inviter la personne à exprimer ce qui l'habite par la création, par le théâtre, la danse, par les rythmes, et l'aider ainsi à partir de ce qu'elle a de plus juste en elle, de plus authentique, pour ensuite suivre le mouvement et se transformer.

À cette période de découverte, j'avais encore à me battre avec mon comportement alimentaire. Je me souviens bien de mes échanges avec le psy à propos de ces troubles : j'ai très vite senti à cette époque qu'il fallait que mon corps s'engage dans un processus de changement, pas seulement ma raison. Cela ne suffisait pas de parler : il fallait émotionnellement être touchée et agir physiquement pour que cela change ! Surtout que, pour les anorexiques ou les boulimiques, leur souci est plutôt d'ordre intellectuel et il faut bien les inciter à descendre dans leur corps, à l'assumer et le réintégrer.

Durant ces années, j'étais motivée pour aider les personnes tout en partageant avec beaucoup un mal-être certain. Comme marquée au fer rouge, je demeurais, à la veille de la trentaine, toujours en manque de père et blessée au plus profond par mes professeurs de théâtre. Alors j'ai voulu apprendre à m'aimer. À aimer le « je » incarné dans ce corps-ci. J'ai rencontré des thérapeutes, découvert des techniques différentes et variées. J'ai donc fini par devenir moi-même thérapeute professionnelle.

14

Recherche spirituelle avec un médium

Avant de rencontrer le Christ, je vais voyager dans deux traditions : le chamanisme et l'hindouisme. Ces deux expériences vont me faire me sentir plus « vaste » qu'avec mes seules racines et traditions de naissance.

À cette époque, je suis comédienne et assiste à des cours pour devenir art-thérapeute. Pendant ces études, je rencontre une femme qui était étudiante et conférencière au musée du Quai Branly. Elle avait hérité de dons médiumniques de son père originaire des Antilles. Elle prétend avoir le moyen de parler avec les morts et l'au-delà. Parler avec les morts… Parler avec les morts !? Avec mon père donc ?

Je suis dans une telle détresse que j'ai besoin d'un contact avec mon père.

Je rejoins Sonia dans un simple pavillon. Je m'allonge sur un matelas à côté d'elle tandis qu'elle branche le son de son ordinateur. Il émet un bruit scandé et répétitif de tambour chamanique. Sur cette musique envoûtante, Sonia parle doucement. Elle est en train d'appeler ses guides, demande leur protection, puis appelle des guides pour moi et commence la séance. Je sens ses yeux légèrement fermés, même si j'ose à peine la regarder. Puis, petit à petit, lentement, elle me décrit ce qu'elle voit. Elle parle au fur et à mesure que les images apparaissent derrière l'écran de ses paupières tandis qu'une aide à ses côtés note toute la description de ce voyage intérieur sur des feuilles avec lesquelles je repartirai.

Est-ce que je crois à ce qui s'est passé ? Oui, j'y crois. Est-ce diabolique ? Je ne sais pas, mais je souhaite que non. Certes, la séance est payante, mais pas du tout à un tarif exorbitant pour deux heures ; c'est pour moi toujours un critère d'abus. Et puis, la plupart des choses qu'elle m'a décrites ne peuvent pas être inventées. Pour autant, ce dernier point n'est pas un critère de discernement, le Malin peut revêtir les meilleures intentions du monde pour frayer son chemin et diviser les cœurs. Je ressors de là bouleversée par ma rencontre avec mon père ! Une fois assise dans le bus du retour, je ne suis plus la même : une porte grande, large, infinie, ouvre sur un pont. Au lieu de séparer, ce pont enjambe la mort. Cela me réconforte et me donne immensément d'espérance pour la suite de ma vie.

Pendant cette expérience peu banale, j'ai découvert un accès à un monde invisible que je ne soupçonnais pas, mais alors pas du tout. Comment vous dire : je n'imaginais pas vivre une telle expérience donnant l'impression qu'un mort peut s'adresser à moi et me rappeler, par exemple, la veste en velours rouge que mon père aimait et portait tant.

Je ne me suis pas perdue là-dedans, mais j'ai découvert qu'il n'y avait pas que le monde visible et matériel dans la vie : il y a autre chose, de l'ordre du spirituel. Je sais maintenant que vie et mort sont intimement liées et, si les passages et cycles sont mystérieux, le réel ne se limite pas à ce que je vois, touche, goûte. C'était une bonne nouvelle quand même ! Surtout après avoir passé autant d'années à être très matérialiste et à ne jamais nourrir ma vie intérieure. Cette découverte m'a bouleversée. J'en ai pleuré de joie ! Vraiment, je me souviens que je suis rentrée chez moi, heureuse de me dire : « Waouh ! le monde est plus large que je ne le pensais ! »

Je reconnais aujourd'hui que le détour était bancal et qu'il faut être plus que vigilant avec les forces occultes, mais je n'en avais pas conscience alors. Moi, j'ai vécu une expérience où la médium m'a dit : « Ton père est venu »... Elle m'a donné quantité de détails sur lui. Notamment comment il s'habillait. C'était vraiment lui. Tout beau ! Cela m'a consolée.

Je reverrai Sonia deux autres fois, pour une autre séance, puis un stage chez elle lors d'un week-end entier. L'expérience du stage sera un peu terrifiante. Une des stagiaires partira en transe et semblera vivre une expérience désagréable, rattrapée par des morts et des mauvais esprits. Cette personne mettra un peu de temps pour revenir à elle. J'arrêterai là l'aventure des promenades dans l'au-delà avec Sonia.

15

Recherche spirituelle avec un chaman

Quelques semaines plus tard, je suis allée faire un stage à « Terre du ciel », un lieu de stage inter-traditionnel, interreligieux. Un lieu de développement personnel où il y a toutes les traditions qui se côtoient et plein de stages artistiques et aussi thérapeutiques. J'étais assoiffée et ce lieu m'a permis de découvrir différentes spiritualités, dans un profond respect pour chacune, sans confusion ni fusion, sans recherche syncrétique, et cela m'a profondément ouverte à quelque chose de l'invisible et alimenté une part de moi qui était jusque-là inconnue : mon âme.

Ne rêvons pas : ce lieu n'était pas hors du monde. Il s'y tramait aussi des histoires de pouvoir et d'*ego* comme dans nombre de lieux communautaires et spirituels où des humains tâchent de vivre ensemble en bonne intelligence, gérant une certaine organisation et intendance.

Si une porte s'était ouverte avec Sonia, le médium du quai Branly, une nouvelle s'est ouverte avec Gilles, le chaman alsacien qui enseigne à « Terre du ciel ». Oui, je sais, « chaman alsacien » : l'association des deux mots est inattendue. Cela sonne un peu comme « imam hawaïen » ou « rabbin japonais », mais pourtant, c'est comme les chemises anti-stress, ça existe ! Cet homme humble et priant m'apprend alors à descendre un peu plus dans mes profondeurs. À petits pas.

Cela passe par son potager par exemple. Il m'invite à rendre grâce pour chacune des tomates avant de les cueillir sur pied. Bon, c'est vrai que si vous vous lancez dans un gaspacho, cela vous double le temps de préparation, mais c'est un truc à tenter quand même je pense... Ce gars-là ne se prenait pas pour un Amérindien, genre Florent Pagny en poncho installé en Patagonie. Non, c'était juste un bonhomme de la terre, bien dans ses pompes et tourné vers le ciel. Connecté quoi ! Et alors là, c'est la totale !

Gilles prie le Christ et a l'allure d'un bûcheron. Il connaît la terre, la forêt, la nature en général et comment y vivre avec ses propres ressources sur une longue période. Il est humble, simple et clair. Avec lui, je vis une expérience dans une hutte de sudation où je prie pour mes ancêtres et ma lignée. Je rencontre aussi mon animal totem et vis l'expérience d'un profond nettoyage physique, émotionnel et cellulaire.

Auprès de lui et avec simplement trois coups de tambour, quelques gouttes de sauge et une salutation à la Pachamama – la terre mère –, je rencontre tout le monde : les morts, les vivants, les animaux, saint Michel avec son épée, Joseph, Marie... Je vois même mon petit chat Tinouchka mort deux ans avant ! « Tinouchka, c'est bien toi ? — Miaou », me répond-il.

Une sacrée expérience...

À nouveau, à travers cette expérience chamanique, je perçois l'existence d'une autre réalité, celle que l'on ne voit pas. En fait, c'est la même réalité, mais avec une partie visible et une autre invisible. Après plusieurs heures dans la chaleur et les chants d'une hutte de sudation – selon le rituel de tradition nord-amérindienne qui se déroule dans une tente construite avec des éléments naturels et qui a la température intérieure d'un sauna – à convoquer esprits, ancêtres et bénédictions, je sors de là et me couche sur la terre ocre et chaude. Cette stabilité de la terre me réconforte profondément. À cet instant, je ressens intérieurement et physiquement ce que vivent beaucoup de peuples d'Amérique du Sud dans leur relation à la terre qu'ils nomment la terre-mère, ou la Pachamama. Je deviens alors plus sensible à une multitude de petits messages et de synchronicités dans la nature. J'apprends aussi à la contempler.

De passage à Paris, je suis surprise quand je réalise que, dans le métro, il y a plein de « choses » qui circulent. Des « entités » qu'on ne voit pas de prime abord avec ses yeux. Pour moi, à 28 ans, c'est un choc de réaliser que les anges existent vraiment, qu'ils nous aiment vraiment aussi, que les morts sont encore là, que certains sont même bloqués sur terre et errent encore à la station Châtelet-les-Halles.

Suis-je en pleine hallucination ? Suis-je en train de rêver ? Pas vraiment en fait.

Dans le parc de ce centre « Terre du ciel », il y avait aussi une statue de saint François d'Assise. Et plus loin une autre statue, celle de Ganesh, un des dieux du panthéon indien reconnaissable à sa tête d'éléphanteau. Pour rappel, l'idée de ce site n'est pas de tout mélanger dans un esprit syncrétique, mais d'offrir un endroit en France où différentes croyances peuvent cohabiter pour que chacun, avec son histoire et sa quête, puisse venir s'y ressourcer. Un soir, alors que je marchais dans ce parc, je me suis arrêtée devant cette statue que je ne connaissais pas. Et là, j'ai été saisie physiquement par une présence. Je ne sais pas ce qui s'est passé, mais c'est comme si quelqu'un avait déposé sur mes épaules un manteau velouté d'amour inconditionnel… Je suis restée scotchée devant cette statue tellement c'était agréable. La nuit tombant sur le parc, je n'ai pas eu peur de rester deux heures sans bouger, complètement saisie et comblée intérieurement. J'étais bien, en paix, comblée. Plus besoin de téléphone mobile, de chocolat, de bruit, d'agitation, de mecs… Comme si toute la compassion du monde venait d'arriver d'un coup sur mon dos. Mon Dieu, quel grand moment de contentement. Les câlins de ta mère à côté de ça, j'ai envie de te dire que c'est whalou-nada-bullshit ! Je revivrai plus tard cette expérience d'amour inconditionnel et de cœur brûlant devant le Saint-Sacrement et dans des sanctuaires dédiés à la Sainte Vierge.

Je vous le disais tout à l'heure à propos de ma mère : la grâce comble, mais elle ne peut entrer que là où il y a un vide pour la recevoir. Pour moi, ce moment a été une révélation. Après ça, j'ai tout arrêté : clope, bédo, mec, téléphone, chocolat, plus rien ! Je suis devenue en une soirée une femme comblée.

16

Recherche spirituelle en Inde

Sur le moment, il a bien fallu se résoudre à aller se coucher. Le lendemain, j'ai cherché sur Internet des informations sur ce dieu Ganesh et sur l'hindouisme en général. Allant de site en site, j'ai fini par tomber sur la belle photographie d'un sage hindou. Un Indien assis en tailleur et en slip qui avait l'air de se moquer pas mal de ses bourrelets ! Je suis comme transpercée par la douceur de son regard. Sur l'écran de mon ordinateur, ce vieux sage me regarde droit dans les yeux et semble me dire : « Détends-toi, ma fille, tout va bien ! Aime-toi, le ciel t'aimera ! La clé ? Elle est à l'intérieur. Tu n'as besoin de rien, sauf d'un slip ! » Il s'appelait Sri Ramana Maharshi, un des plus grands sages hindous.

Alors j'ai craqué : j'ai pris trois culottes, une paire de tongs et j'ai sauté dans un avion. Je suis partie illico pour le Tamil Nadu, direction Tiruvannāmalai. J'ai mis ensuite le cap sur la montagne du vieux sage qui… est mort entre-temps. Ah oui, détail de taille : le premier soir de mon arrivée en Inde, je tombe nez à nez avec une femme croisée cinq minutes dans le parc où se dressait la fameuse statue de Ganesh… Lors de cette rencontre en France, elle m'avait dit : « On se reverra » ! Véridique ! Et je retrouve cette femme, Patricia, qui deviendra et l'est toujours, une des plus chères amies à mon cœur, une femme tellement lumineuse, et présente à chaque instant au réel, à la rencontre ! Patricia est là et bien là, et a le talent et la grâce d'être présente dans tout ce qu'elle est et tout ce qu'elle fait. Nous sommes surprises et nous rions beaucoup, puis partageons une crêpe au chocolat banane. Le lendemain matin, elle me donne rendez-vous auprès du jeune maître hindouisto-jamaïcaino-londonien qui a succédé à l'homme qui était sur la photographie. Il va m'enseigner durant trois mois sur ce qu'est la « *consciousness-awareness-universal-peacefullness* ». Il s'appelle Moujie.

Il est entouré d'une vingtaine de disciples, qui le suivent et le servent, et d'une centaine de témoins disciples qui l'écoutent chaque matin pendant deux heures. Il enseigne et répond aux questions sur la pleine conscience, l'ouverture du cœur, le visible et l'invisible, la permanence et les émotions, la réalité et l'illusion. Et moi, ça élargit à nouveau mon horizon : je respire plus large et renforce la découverte avec les médium et chaman. Oui, la vie ce n'est pas que ce que je vois et consomme.

Quelques jours plus tard, alors que je dors dans ma cellule à l'ashram, je suis visitée par mon père. Il me dit que j'ai choisi la bonne part contrairement à lui, resté à cheval entre deux mondes, esclave de ses pulsions, attaché au monde extérieur, celui de la chair et de la mondanité, et sa soif de plus d'Esprit, de prière et de silence.

À la fin de l'enseignement sur cette montagne, je me rase la tête. Je suis dans un tel état que je me prends pour le placide Bouddha et commence à avoir des crampes aux zygomatiques tellement mon sourire béat est scotché du matin au soir sur mon visage. Je finis par quitter la terre indienne et ses mille couleurs et odeurs, après plus de trois mois en son sein et avec l'*Alléluia* de Léonard Cohen sur les oreilles et beaucoup de paix à l'intérieur. Ma cage thoracique est dilatée et le restera plusieurs mois. Même de retour dans la vie trépidante parisienne !

Patricia, la femme retrouvée en Inde, est devenue l'une de mes meilleures amies, une sœur de cœur qui m'a beaucoup apporté spirituellement. Notamment dans cette capacité exemplaire qu'elle a d'être dans la joie, dans la présence au présent, dans la paix, même si c'est parfois le chaos autour d'elle et que sa vie est souvent pleine d'incertitudes.

17

Rencontre du Christ

Juste avant de revenir d'Inde, je rencontre enfin Jésus pour la première fois. J'ai été bien préparée, je pense, spirituellement : durant ces quelques mois en Inde, je suis désencombrée de mon petit vélo dans la tête. Je suis plus légère, plus silencieuse, plus ouverte intérieurement. Le terrain, la terre bien travaillée est sans doute davantage prête à recevoir la semence.

La rencontre est étonnante. Un jeune homme traverse ce village sacré de Tiruvannamalaï et fait une pause. Ce Français voyage avec le strict minimum et une Bible, se laissant totalement conduire par l'Esprit Saint. Le bonhomme n'est pas du tout « perché », nourri uniquement de graines et de soleil : il a une maison, un métier et il est tellement habité par sa foi qu'il me communique sa soif. Il m'en parle de manière tellement joyeuse, inspirée, inspirante, libre ! Cela me bouleverse, me touche droit au cœur. En l'écoutant, la joie m'envahit, comme si Jésus était ma maison et que je rentrais chez moi, comme s'il était ma famille, mon ami, mon intime. Comme si je l'avais toujours connu et qu'il était ce que j'attendais et celui que j'attendais depuis toujours sans le savoir ! Grâce au témoignage vivant de ce jeune homme, mon seul but en rentrant d'Inde a été de continuer cette re-découverte, joyeuse et paisible, avec le Christ.

Quand j'y pense : nous avons juste échangé une petite heure ! Et c'est tout. Il est ensuite reparti. Et il ne sait rien de moi, de la suite de mon chemin. Il ne sait pas que je joue un spectacle sur ma conversion depuis des années et que je parle de lui et de cette rencontre ! Il a pourtant été celui qui, le premier, m'a ramenée et conduite aux pieds de Jésus.

Ces retrouvailles avec le Christ me font songer à Marie Madeleine. Cette sainte qui va retrouver le Ressuscité le troisième jour après sa mort. Alors qu'elle marche pour aller se recueillir sur sa tombe, elle entend dans son dos quelqu'un qui l'appelle par son prénom. En fait, c'est peut-être la première fois qu'elle entend quelqu'un qui la nomme : Madeleine. Et du coup, elle se retourne, elle n'a plus le choix, elle ne peut plus faire la sourde oreille. Et elle le voit, son amoureux. Mais surtout, ce qu'elle voit, c'est comment lui la regarde. Elle se trouve belle dans ses yeux à lui. Du coup, pour la première fois, elle peut se remettre debout. Et marcher. Eh bien ça, c'est de la conversion ! J'ai vécu cela : c'est lourd ! C'est casse-gueule, mais tu n'as pas le choix, il faut que tu te retournes, que tu changes ton regard, que tu vises un peu plus haut ou, au contraire, un peu plus bas, plus en profondeur, que tu creuses, sinon tu risques de passer à côté de ta vie. J'avais alors 27 ans. Et c'est ce jeune Français qui m'a conduite aux pieds du Christ.

Eh bien, quand on y pense : tu en auras fait des détours pour que je m'intéresse à toi, Seigneur ! Chamanisme et hindouisme : c'était plus séduisant que le catholicisme ! Ah, il est rusé le Christ : il te connaît mieux que toi-même. Je n'ai pas eu l'impression de le chercher, mais plutôt de faire les choses au fur et à mesure, en étant guidée. En Inde, on dit : « Quand le disciple est prêt, le maître arrive. » J'ai vraiment eu l'impression que cet enchaînement d'événements et de rencontres m'a conduite au Seigneur. Il m'a rejointe. Avant de le rencontrer, j'étais hypercritique sur les cathos. Je préférais vivre une spiritualité plus exotique. Avec le recul, je vois que cette expérience en Inde m'a appris d'abord à me poser. J'étais encore à la recherche de mon père. Je cherchais aussi à comprendre ce mystère de la mort, à communier avec lui dans l'invisible. Je cherchais davantage de silence et d'intériorité que je n'avais trouvé dans ma religion catholique petite fille. Il ne me restait que les bribes d'une catéchèse à laquelle, à l'époque, je ne comprenais pas grand-chose. En tout cas, un enseignement qui ne touchait pas mon cœur. Il me donnait plutôt le cafard, de la culpabilité, voire une légère pression. Le catéchisme restait à l'extérieur de moi… Aujourd'hui, je remercie l'Orient de m'avoir permis de dilater mon cœur, de m'ouvrir au silence, à quelque chose de plus profond en moi qui peut recevoir enfin l'Esprit. Je pourrais aussi dire, accueillir ce principe Yin du féminin comme le nomme le psychanalyste Carl Gustav Jung.

J'ai continué à écrire pour en rire… Et pour en témoigner aussi :

> Alors c'est sûr que de tomber amoureuse de Jésus, quand tu te crois cool, que tu es comédienne, très parisienne, et que tu as une mini réputation dans ton quartier, ce n'est pas très funky !
> — Salut, c'est OK pour toi si j'ai un autre mec dans ma vie ? Mais il est très... dans le cœur. Tu vois le gars ? Ouvert quoi !
> — Mais Louison, il a quel âge ?

— Bah, dans les 33 ans... Depuis bien longtemps, en fait! .... Non, je te disais en fait que je kiffe Jésus. C'est OK pour toi?
— ...
— Bon, laisse tomber, je kiffe le *son*! *Jesus is love / Jesus is dance!*
À ce moment-là, ce n'est pas évident de faire genre t'as une vie normale de jeune femme de 30 ans alors que tu as rencart tous les jours à la messe pour goûter le corps et le sang d'un mec mort... Ce n'est pas forcément le truc que tu mets en avant sur un profil Meetic. Ça peut franchement te donner un côté néo-gothique Du coup, ça oblige à quelques feintes, du style:
— Tu viens boire un verre, Louison?
— Ah non, désolée, je ne peux pas, j'ai rendez-vous...
— Encore? Eh bien ma cocotte, tu n'arrêtes pas! T'es amoureuse ou quoi? Tu nous le présentes quand ton mec?
— Heu, mais tu le connais... Et lui aussi en fait il te connaît. Il vous connaît tous d'ailleurs et chacun même très très bien. Tu n'étais pas encore dans le ventre de ta mère qu'il t'avait repéré. Il connaissait ton nom, celui de ton voisin et de toutes ses sœurs!
— Tu sors avec un flic ou quoi?!

À cette époque de ma vie, je traverse Paris à bicyclette tous les jours pour me rendre à la messe. Le seul vrai but de ma journée se vit dans cette église que j'aime, celle de Saint-Gervais-Saint-Protais, à côté de l'Hôtel de Ville. Là, je retrouve et prie avec la communauté religieuse des Fraternités monastiques de Jérusalem. « Au cœur des villes, au cœur de Dieu », elle invite chacun à « vivre une aventure monastique de sainteté ». C'est à trois kilomètres de tours de pédales de chez moi et au retour, ça grimpe. Ça me booste et me fortifie, comme un rendez-vous amoureux. Gloire à toi mon Dieu, gloire à toi !

Et puis je retrouve mes cours d'art-thérapeute, mais je n'y crois plus autant. Je me sens au bout du rouleau. Dans ma formation, je retrouve des collègues qui veulent changer le monde, mais ne croient en rien. Ils roulent des joints et boivent des Heineken tout en parlant de révolution et de Mélenchon. Quant à moi, je recherche désespérément le silence.

18

Marquée par la chrismation

Lors de ce périple de plusieurs mois en Inde, je suis aussi tombée sur la *Lettre à un ami athée* (éd. Philippe Rey, 2008) écrite par Jean-Yves Leloup. La lecture de ce livre m'a de nouveau ébranlée. Moi qui n'étais pas une grande lectrice, je dévore celui-ci d'une traite. Je googlise ensuite l'auteur : un prêtre catholique dominicain devenu orthodoxe. Bon, pour ceux qui ne le savent pas très bien, c'est un peu le bazar chez les chrétiens : les catholiques et les orthodoxes se sont séparés en 1054 pour une histoire de papauté et d'Esprit Saint. Alors Jean-Yves Leloup, ce religieux passionnant et passionné, a rédigé ce livre lors d'un séjour au mont Athos, centre spirituel des orthodoxes situé au nord de la Grèce. Page après page, il répond à toutes les questions spirituelles que lui poserait un ami curieux : en qui et en quoi croit-il exactement ? Comment est-il devenu un suiveur du Christ ? Pourquoi a-t-il choisi l'Église orthodoxe ? Pour quelles raisons les Églises chrétiennes se sont-elles séparées ? Que sont les dogmes ? Quelle est la place du corps dans la tradition orthodoxe ? Celle de la sexualité ? Et, finalement, qui est

Dieu? Comment le rencontre-t-on? Parmi ses réponses, je souligne au crayon cette phrase: « Voir Dieu, c'est voir le Jour, c'est demeurer dans la lumière; la lumière étant ce qu'on ne voit pas, mais ce qui nous permet de voir toutes choses. » Paragraphe après paragraphe, page après page, l'auteur ne cherche pas à convaincre son lecteur, mais l'invite juste à cheminer vers la vérité.

Je me régale. Mon esprit et mon cœur vibrent. L'auteur est pointu: docteur en philosophie, psychologie et théologie, écrivain, conférencier et prêtre orthodoxe... Rien que ça! Il enseigne en Europe, aux États-Unis et en Amérique du Sud dans différentes universités et instituts de recherche en anthropologie fondamentale. Je choisis donc d'aller l'écouter en vrai, dans le monastère Saint-Michel du Var où il donne des conférences. Cette fois-ci – clin d'œil du Ciel? –, la retraite a pour thème « Marie Madeleine ». Je prends un billet de train, prévoyant de suivre cette retraite spirituelle d'une semaine. Je vais demeurer juste au monastère durant... plusieurs mois! C'est à cet endroit que j'ai enfin accepté de prendre la main du Christ pour de bon.

Dans ce lieu idyllique du sud-est de la France, je goûte à la solitude, à la nature, à la présence divine. Pendant les offices, je ressens tellement de joie. Une joie qui ne dépend de rien ou sans doute du Ciel. La joie comme une grâce reçue. Au monastère, le Seigneur me retourne comme une crêpe. Il me montre toutes mes croix, et combien j'ai pu manquer de gratitude parfois. Puis, après de longs débriefs en tête à tête, il prend mes croix. Une par une, il les porte, nettoie, allège. Et moi, je lui dis: « C'est bon Seigneur, je suis crevée. J'en ai marre de lutter, de faire semblant. Fais ton taf un peu! » En fait, il ne me demande que ça. Il attendait juste que je le laisse faire. « Quoi que tu fasses ou dises, je t'aime pour la vie. Infiniment et sans condition », me dit-il. C'est cela le cadeau de la miséricorde. Au fait, miséricorde, ça signifie qu'il prend toute ta misère sur son cœur et qu'il met du baume dessus.

Dans ce monastère, je découvre aussi une sensation de joie profonde que je ne connaissais pas et qui, pour la première fois, ne dépend de rien : aucun événement extérieur, aucune relation, aucune activité, aucun achat compulsif ou consommation en tout genre. Je me sens ivre de joie et ris de bon cœur, sans raison, et souvent seule. Enfin seule… j'ai la sensation que j'ai une armée d'anges et de saints, à gauche, à droite, au-dessus de ma tête et sous mes pieds. Du moins quand je les sens ces pieds qui sont censés s'ancrer sur le sol. Car à ce moment-là, dans l'ivresse et cette joie profonde, je suis plutôt hors sol.

Comment en suis-je arrivée là ? Moi qui ne croyais en rien jusqu'à mes 28 piges ! Et maintenant me voilà agenouillée et concentrée dans ce monastère Saint-Michel du Var. Priante et recueillie. Et émue. Très émue même. Je porte l'étole que m'a déposée l'évêque orthodoxe sur ma tête, celle d'une femme en train de renaître, d'une femme qui désire et espère surtout vivre pieusement. Mon cœur tourné vers toujours plus de Ciel. Ma soif spirituelle intense. Je suis là, à genoux aux pieds de cet homme pour me confesser, sacrement et passage essentiels dans la tradition, pour recevoir l'onction du Saint-Esprit. Dans quelques instants je serai ointe. Comme lui et en lui. Chrismée, nous dit la tradition orthodoxe ; confirmée, nous dit la tradition catholique. Mais comme il n'y a qu'un unique baptême chrétien, je ne suis pas de nouveau baptisée.

Quand on parle de tradition chez les orthodoxes, on songe aux moines du mont Athos, une terre spirituelle orthodoxe plutôt conservatrice ; cette péninsule est réservée aux hommes donc, à vrai dire, je n'ai aucune chance d'y aller un jour ! Selon certains de ces religieux, j'aurais dû être re-baptisée, car ils considèrent les catholiques et les protestants comme des hérétiques. D'autres moines, en revanche, ne veulent pas séparer et diviser la foi chrétienne comme cela, mais recherchent plutôt l'unité du cœur, du silence et du Christ, intime et universel à la fois. Et pour eux, il n'y a qu'un seul baptême chrétien !

Pour revenir à cette chrismation, après ce passage à genoux, cette étape des aveux et ce nettoyage dans l'invisible, je monte les marches. Je quitte lentement et gravement la crypte dédicacée à sainte Marie Madeleine bien présente en ce jour. Je quitte cette pénombre pour retourner ensuite à la lumière de l'église, pour danser autour de l'autel, et dans le Saint des saints, accompagnée de ce même évêque qui célèbre l'office avec la grâce d'un oiseau et m'invite à suivre ses pas.

Je suis bien Sophie Tatiana Galitzine, ma mère est catholique, mon père orthodoxe, et moi à cheval : baptisée catholique bébé sans foi ni conscience, chrismée orthodoxe adulte, de retour dans la maison du Père.

19

Je connaissais déjà le Christ

Les souvenirs remontent comme des bulles d'air depuis le fond du lac. J'ai 3 ans, je suis à l'arrière d'une église, à Saint-Nom-la-Bretèche dans le 78, près du golf où nous vivons et où travaille mon père. Un chant joyeux est repris en chœur par toute l'assemblée. Je regarde, j'écoute, puis soudainement je me lève, tape dans mes mains et clame *alléluia* haut et fort. Habitée par la joie, la petite !

Petite fille justement, je me prends tantôt pour Madonna, la diva de la pop, tantôt pour sœur Emmanuelle, la « petite sœur des chiffonniers » du Caire, même si à l'époque je n'ai pas vraiment la foi. J'aime danser, jouer à la maîtresse et être à la tête d'une bande d'amies ; mon amie Vanessa se moque de moi et m'appelle Jésus parmi ses disciples…

J'ai 12 ans, je me promène un peu tard dans le quartier des Batignolles, dans le 17e arrondissement. La nuit est déjà tombée et je rentre chez moi après mon cours de théâtre. Soudain, j'entends les pas d'un jeune homme bien nerveux qui marche dans mon dos. J'accélère le pas et j'ai peur quelques instants. Puis je ralentis la cadence :

j'entends dans le fond de mon cœur une voix qui me confirme : tu n'as rien à craindre, Dieu existe et il est là, avec toi.

J'ai 13 ans, je suis entourée de beaucoup de monde. Un évêque s'approche de moi avec un sourire bienveillant. Il me bénit et me tapote ensuite la joue. Je suis en train de vivre le sacrement de confirmation dans l'église de Saint-Ferdinand-des-Ternes. Je porte mes bottes santiags à bout pointu sous mon aube blanche comme je vous l'ai déjà raconté. Là, je me sens être la cowgirl du Christ. Je me souviens de la liberté que me procure alors cette alliance entre le monde moderne, ce que je suis (les bottes santiags) et la tradition, la vie intérieure et le Christ, incarnés par l'aube blanche et le sacrement reçu.

J'ai 28 ans et je participe à un stage intitulé « Amour de soi, amour de l'autre ». C'est un stage de développement personnel. J'ose à peine écrire « développement personnel », car cela sous-entendrait que je ne suis pas finie, et que c'est une question, un problème, « personnel ». Comme le dit aujourd'hui Olivier, mon cher ami et collègue thérapeute, on devrait davantage parler de « dépouillement personnel ». Bref. Nous sommes une vingtaine dans le groupe et nous passons la journée à expérimenter des petits exercices dont le but est de renforcer notre amour de nous-mêmes et ouvrir l'espace de la relation. 400 euros pour apprendre à s'aimer, oser aimer et humblement être aimé… Alors que nous sommes en train de vivre un temps de partage de parole en groupe, une femme intervient et, très fort, dit : « N'ayez pas peur, n'ayez pas peur », en reprenant la phrase de saint Jean-Paul II, elle-même prononcée par Jésus. Je trouve cette femme puissante, illuminée et courageuse. Elle cite le pape et pourtant l'ambiance de ce stage est plutôt new age, développement personnel et chamanisme. Elle m'impressionne ! Un peu plus tard dans la journée, je me retrouve en binôme avec une autre jeune femme. Nous devons chacune prendre le temps de nous regarder, assises en silence, puis de nous dire chacune notre tour : « Tu es belle. » Nous rions un peu, gênées, même carrément gênées, mais nous jouons le jeu d'accueillir ce regard silencieux suivi de cette affirmation improbable ! Notre seule mission est l'assise et l'accueil. Être là, dans cet espace de la relation, ne rien chercher à « faire », prendre, projeter, capturer. À la fin de l'exercice, elle me confie son parcours : elle a passé un an à réfléchir dans un couvent en faisant attendre son chéri. Il l'a attendue d'ailleurs et ils ont fini par se marier et ils sont devenus parents. Alors qu'elle me raconte son chemin, j'ai la sensation, alors que Jésus n'est pas encore revenu dans ma vie d'adulte, que je vais vivre une expérience similaire.

20

Interlude dansé

J'imagine et dessine avant d'écrire ce livre…

J'imagine des ombres, des pleins et déliés, des petites lumières semées aussi, par-ci, par-là, comme des serrures de portes où se faufiler et plonger dans le passé, pour creuser et tout éclairer du présent.

J'imagine des pauses, des riens, des traits qui repartent en arrière puis foncent en avant, de grands trous, des gouffres même.

Et puis débute l'ascension d'une petite montagne. Un début lent et lourd. Un pas, puis deux, puis trois… Ça respire, ça repart, ça chute et ça reste, ça stagne, ça repart, d'un coup et d'un grand bond et, petit à petit, de plus en plus de lumière, et la feuille se remplit et se stabilise.

Moi, je danse, sereine et dynamique, au milieu de ces lignes qui racontent mon histoire et mon chemin de foi. J'imagine mes pieds qui prennent appui sur la terre russe de mes ancêtres, mon bassin chargé par l'histoire de ma mère et de mes grands-mères, mes cuisses de Sibérie… Ah, je n'apprécie pas beaucoup ces cuisses de Sibérie… Et je vous demande pardon pour ça, mes cuisses de Sibérie, je vous demande pardon de vous haïr parfois. Vous êtes juste bien ancrées, solides et généreuses…

Je danse avec une cage thoracique et son cœur ouvert au monde, parfois si serré et peureux. Les épaules tendues ou abandonnées, une nuque raide, prétentieuse et froide. Intimidée aussi parfois, et qui plie pour mieux aimer.

Dans ce tourbillon, des yeux aveugles et des oreilles bouchées se croisent. Par moments, ces sens s'ouvrent, s'épanouissent et se déploient à la lumière du Ciel…

J'imagine ces pages avec du rythme, beaucoup de rythme.

Et je laisse danser tout ça… Les lettres, les mots, les idées, les acteurs…

D'un coup, tout s'arrête. Le temps est suspendu. Une révélation : à quoi sert de vouloir faire la révolution si celle-ci ne commence pas par ma propre terre intérieure et mon foyer ? Ma conversion sera charnelle ou ne sera pas. Elle prendra en compte la vie psychologique, affective et émotionnelle. Une conversion transparente et entière. Grâce à Dieu, je pourrai habiter à tous les étages ce corps spirituel, cet organisme glorieux et potentiellement transfiguré. Ce sera sans doute un des grands défis de toute ma vie !

Alors je respire et continue à écrire.

21

L'appel de la terre russe

Après la mort de mon père, entre mes 28 ans et mes 32 ans, j'ai voyagé dans différents pays comme le vaste Canada. Au début, j'étais avec un de mes bons amis de l'époque, puis j'ai continué le périple international toute seule ; c'était prévu comme cela, il avait son propre chemin à faire de son côté. J'ai enchaîné ensuite avec le continent africain, puis je me suis rendue sur la terre de mes ancêtres. En train et seule.

Mes découvertes spirituelles avaient réveillé en moi une quête double : retrouver mon père et connaître nos racines. Je suis donc partie un mois en Russie. Quand je suis partie de la gare du Nord, mon ami Régis, docteur en philosophie et rappeur talentueux, m'a accompagnée : j'étais terrorisée de partir seule et je suis montée dans le train en pleurant. Il m'a quasiment mise dedans de force en m'encourageant comme on encourage un boxeur avant le combat. Je lui en sais encore gré aujourd'hui !

Il m'a fallu endurer un voyage de trois jours en train pour parvenir à destination, car j'avais aussi besoin de prendre le temps de la découverte. J'ai traversé l'Allemagne, puis la Biélorussie. Comme je ne parlais pas un mot de russe, quand le convoi s'est arrêté dans une gare de ce pays aux pancartes écrites en alphabet cyrillique, j'ai cru être arrivée. Je suis descendue du train avec mes bagages... À la dernière minute, en parlant deux secondes avec une des rares personnes sur le quai baragouinant l'anglais, j'ai réalisé que je n'étais pas encore arrivée à Saint-Pétersbourg ! Je suis remontée illico presto dans mon wagon...

J'ai alors fini par arriver dans ce pays immense, seule et avec mon seul nom pour passeport. J'ai quand même retrouvé une cousine, mais j'ai passé la plupart du temps sans elle. Quelle épreuve que de se sentir aussi perdue et seule en Russie, le pays de mes ancêtres, alors qu'en Afrique de l'Ouest, au Sénégal ou au Mali, je ne me suis jamais sentie perdue. Parmi les Dakarois ou les Bamakois, les relations étaient chaleureuses, vivantes et familières. En revanche, sur la terre de mes pères, que ce soit à Moscou, Saint-Pétersbourg ou Novgorod, les interactions étaient rudes, arides, âpres. Je me sentais vraiment étrangère. J'ai quand même pris des cours de russe le matin pour mieux entrer en relation avec les habitants. Je prenais ensuite mes après-midi pour déambuler dans la ville. Dans les rues et les parcs, j'ai rencontré beaucoup d'étudiants et quelques Russes qui, je me souviens, baissaient la voix quand ils parlaient de Vladimir Poutine. Comme s'ils avaient peur de dire ce qu'ils pensaient de ce gouvernement et de la réalité de la vie en Russie.

Pour autant, ce voyage en train m'a reconnectée à mon histoire familiale. En ayant été chrismée chez les orthodoxes, j'avais mis mes pas dans ceux de mes aïeux. Comme si une porte s'était ouverte sur le passé et les maillons de la chaîne familiale s'étaient ressoudés entre le présent et le passé. Désormais, je me sens profondément russe dans mon âme, dans ma mystique, dans ma liturgie. Tous les ans, je fête la Pâque russe avec ma famille Galitzine et nous nous rendons à l'église orthodoxe baignée d'encens et bercée par ces si beaux chants. Je me sens nourrie par cet univers. Je suis chez moi. Et même si, par manque de transmission paternelle ou une surdité voulue de ma part, je ne connais pas très bien mon histoire familiale russe, je me sens habitée par celle-ci. Bon, cela ne va pas jusqu'à avoir un samovar de Toula dans le salon qui débite son eau chaude pour diluer le thé concentré sorti de la théière qui trône à son sommet ! Non, je consomme du thé plutôt en mode bien-être avec ses aspects détox et autres apports d'antioxydants.

Mais plus que le thé, c'est bien la spiritualité qui me rapproche de la Russie éternelle. La fréquentation de l'Église orthodoxe me rend plus authentiquement russe. Je ne lis pas le russe, malheureusement, mais quand je lis les traductions d'auteurs russes, ça vibre, je frémis : j'ai l'impression d'être chez moi. Toute cette description de l'humanité, cette plongée dans l'âme russe, ses enthousiasmes et ses tourments, pas de doute, cela me parle bien. Que ce soient des romanciers, des auteurs de théâtre mais aussi des poètes. Ces ouvrages sont comme des miroirs dans lesquels je verrais une partie de mon reflet. Un moyen de comprendre davantage mes tourments, mes élans, mes états d'âme.

Si j'avais quelque doute sur cette influence russe, il me suffit d'écouter mon époux. Il peut confirmer sans hésiter que je suis une vraie Slave quand il subit les montagnes russes de mes humeurs. J'imagine que cette alternance entre de grandes phases d'enthousiasme et de profonde mélancolie a quelque chose de bon : elles nuancent l'ordinaire de ma vie de poésie, de romantisme… Souvent, j'aimerais être plus légère quand même ! Côté racines, je ne sais pas si c'est dans les gènes, mais mon mari trouve parfois que je me comporte comme une vraie princesse. Pas sûre qu'il fasse allusion à mon port de tête ou à mes manières raffinées: c'est plutôt le ton avec lequel je m'adresse à l'autre pour qu'il me rende service… Un peu taquin mon homme!

Adolescente, j'étais beaucoup moins sujette à ces temps de mélancolie puisque j'étais moins connectée à mes racines, avec mon être profond, mes ressorts intérieurs. Je l'ai dit, j'étais à l'extérieur de moi-même. Il s'agissait alors d'enchaîner, de faire, de produire, de courir. Sans temps morts.

22

Vocation religieuse au monastère ?

À ce moment de ma vie, après cette rencontre avec le Christ en Inde, je me sens écartelée entre l'appel à la vie religieuse et celui de la vie dans le monde. Je me sens mère, même sans enfants de mon sang. Pour moi, être mère, c'est juste dire oui et faire face. Être mère, c'est prendre soin de l'inconnu qui traverse imprudemment la rue. Heureusement que les femmes qui ne sont pas mamans le sont à leur manière. La fécondité est aussi spirituelle !

Mais quel temps difficile à vivre… Quelle tempête sur ma barque… Je suis feu, moi ! La Marie Madeleine à côté, c'est de la petite bière ! Quand je sens la présence de Jésus, je suis comblée. Il me suffit. Et pourtant, la nuit, le combat spirituel reprend de plus belle, m'obligeant à repousser ma couette et à m'asseoir sur le bord de mon lit, presque haletante, pour prier : « Dieu, viens à mon aide. Seigneur vient à mon secours ! » Oui, aide-moi Seigneur ! Je vais rétrograder, Seigneur, je vais stopper cette course, faire cesser ce tourbillon. Je vais reprendre un agenda, une vie rangée, un chez-moi !

Au bout de quelques mois de retraite spirituelle, j'ai fini par quitter le monastère, sinon il aurait fallu que je m'engage pour une année complète de discernement. Hé oh ! Ce n'est pas le Club Med le monastère ! Certes, on est accueilli, mais en contrepartie il faut s'engager un minimum. Et moi alors ? Ben… je ne m'engage pas vraiment… Malgré tous les signes incroyables que je reçois, ma peur demeure ma trop fidèle compagne et la danse me manque… De temps à autre, je m'éclipse dans les bois qui bordent le monastère pour faire quelques pas de funk sur la mousse humide, les brindilles et branches scintillant sous la rosée du matin ; de loin, on pourrait me prendre pour une sorcière des forêts se préparant à quelque sabbat.

Oui, il faut choisir. Et comme le rappelle la sagesse populaire : choisir, c'est renoncer. Je me dois donc de quitter le rassurant et paisible ventre de mère-Église que j'ai trouvé dans ce monastère. Il est temps pour moi de quitter mes frères et sœurs religieux, de quitter la paix de la maison du Père et son silence plein. C'est douloureux. Je reste là, écartelée entre ma soif de Dieu et les séductions de ma vie parisienne. Celle des cafés avec mes potes intermittents du spectacle, des types pas coiffés – genre sortis du plumard – débriefant sur le dernier film de Woody Allen. À nouveau, ma tête se transforme en ring de boxe où s'affrontent deux facettes de moi-même.

Je me débats intérieurement :

— Voyons, tu n'es pas sérieuse. Tu ne vas pas renoncer à quasi-tout et devenir religieuse ? Tu ne vas quand même pas prendre l'habit ! C'est grotesque, ce n'est pas toi ! Tu renoncerais à ta vie de femme, à un projet de couple, à la maternité ? Tu ne veux pas être comme la majorité des femmes du monde qui bercent, qui cajolent, qui caressent ? Tu vas passer à côté de ça pour un homme mort, qui portait des pagnes et des couronnes de laurier séché ! Un homme que tu n'as jamais vu en vrai avec tes yeux ! Un homme que tu n'as jamais vu, touché, senti ? Un homme qui ne t'a jamais touché, senti, parlé ? En tout cas pas parlé comme ta voisine ?

— Parce que tu crois qu'une femme qui devient religieuse n'est plus femme ? Tu crois vraiment qu'une femme qui épouse Dieu ne sent plus son ventre, ses cuisses, ses seins qui disent oui tous les jours ? Mais tu les as rencontrées ces femmes ? Elles ont choisi de consacrer leur vie à Dieu. Ces femmes-là que tu prends toutes pour des névrosées-traumas-asexuées, sont plus pleinement femmes et audacieuses que la statue de la liberté et que toutes les Femen réunies. Alors oui, il y a aussi des fêlées au couvent… Certaines auraient peut-être dû investir dans quinze années de suivi psy avant de plonger dans cette aventure spirituelle. Mais bon, il y a des fêlés partout en fait, alors pourquoi pas dans les monastères ?

Le combat de boxe des idées et du ressenti continue. Un vrai combat spirituel :

— Et la danse, t'as pensé à la danse ? Tu crois qu'elles ont du temps pour danser les religieuses ? On n'est pas dans *Sister Act*, meuf ! …. Et Madonna, ma chère ? T'as oublié Madonna ? *Like a Virgin*, c'était toi ! *Like a prayer*, c'était toi ! *Material girl*, ah ouais, ça c'était vraiment toi !… Mais putain ma grande, réfléchis ! T'es en train de gâcher ta vie parce que ta mère te collait un peu trop, que ton père n'était jamais là et que maintenant il est au Ciel, et que t'as eu bobo au sexe ? Mais réveille-toi ! Plus personne ne fait le choix de la vie religieuse aujourd'hui ! Maintenant, la vie spirituelle, c'est bouffer des graines, boire du yogi-tea, faire des hugs de 2 h 28 en sarouel, se laver à la lavande et se foutre du déodorant à la pierre d'alun ! Et tu peux vivre cela en ayant un mec, des enfants, un boulot, un appart, du temps pour tes amis, aller au ciné… vivre, quoi ! Et puis, regarde bien les choses en face ma chérie : la vie religieuse est une grâce, un appel ! Ce n'est pas donné à tout le monde ! Il faut être invitée, catégorie VIP ! Et si tu t'es plantée, retour dans la vraie vie ma fille. Il va falloir retravailler, il va falloir faire, exister dans la société. Allez, hop ! Fini les hésitations mystiques et les tergiversations en mode « je m'offre le temps ! » ou en mode « ce qui compte, ce n'est pas l'arrivée mais le chemin » !!!

23

L'appel impérieux de la danse

À l'église, durant les offices monastiques, je commençais à éprouver de fortes douleurs au crâne et parfois un besoin irrépressible de sortir, de danser. Cela naissait dans les pieds, cela remontait dans les jambes, dans mon bassin, dans mes deux épaules, mes bras, la paume de mes mains, jusqu'au bout des pieds, des mains, dans mon sang, mes cellules, mon cœur. Je le sentais sous ma nuque, avec l'envie d'habiter davantage tout mon être. Physiquement. Organiquement.

C'est à cet instant que monseigneur Martin, un moine orthodoxe, ancien danseur devenu moine, qui dépliait toutes ses pensées comme on déplie sa serviette avant de passer à table, m'a encouragée : « Danse, danse ! Tu peux sortir et danser ! » Il disait que Jésus était sans doute lui-même un danseur : « Lis l'Évangile, tout n'est que souffle et rythme. La religion chrétienne est une religion du corps. Il s'est incarné ton Jésus, il est venu pour le corps, il était homme et Dieu. Il est né d'une femme, une femme qui a accouché, qui avait un bassin, un utérus, des seins. Lui, il avait un cœur, des mains directement reliées au cœur pour soigner, des mains miracle. Il était en relation aussi, il n'était pas tout seul sur sa montagne ou dans les airs, le gars, il était dans ses pompes et parmi les autres. Quand tu lis l'Évangile, regarde, le gars marche, plonge, se relève, traverse, se déploie, rassemble, transmet, enseigne, guérit, bénit, monte, s'abaisse, se recueille, tranche, pleure, se nourrit, dort, ouvre, partage, se réjouit. À côté, Jack Bauer et ses 24 heures, c'est un oisif! Et puis, il y a beaucoup de femmes autour du Christ. C'est bien une femme qui a été témoin de la résurrection: la fameuse Madeleine qui a couru pour annoncer ce mystère incroyable. Et puis, avant ça, quand il était en train d'agoniser sur la croix ton Jésus, ce sont les femmes qui sont restées pour veiller, les mecs se sont taillés, ils se sont fait la malle! Et la croix, c'est quoi ce mystère incompréhensible? Comment peut-on se réjouir de voir un homme cloué, en train d'étouffer: elle est où la vie là-dedans? La croix, ce n'est pas ce qu'on imagine, parce que souvent on nous l'a mal racontée. Cela n'a rien à voir avec du mortifère ou de la culpabilité. Bon, ce n'est pas Disneyland et ses pâtisseries roses et sucrées non plus! En fait, cet homme s'est totalement abandonné pour nous tous, afin qu'on arrête aussi d'avoir peur de la mort. Pour qu'on arrête de croire aussi que tout s'arrête ici-bas à ce moment-là du dernier souffle. Qu'on réalise qu'il n'y a pas de temps à perdre à vouloir être rentable et efficace, à angoisser pour des détails qui changent tout le temps! »

Ce moine originaire du sud et à l'allure de vieux grand-père, teint buriné sous sa barbe blanche, continue: « Pécher, ça veut juste dire louper la cible... Donc détends-toi cocotte: ça arrive 15 000 fois par jour. Et c'est tant mieux, j'ai envie de dire, c'est vivant! Arrête de te prendre la tête tout le temps, ma petite Sophie, prends le temps de contempler toutes ces paroles et tombe en Dieu, tombe en Dieu ! Et une dernière chose que j'aimerais te dire avant de te quitter, et c'est sans doute l'essentiel pour toi maintenant : le couple ! La vocation du couple, c'est le plus grand des mystères. Une vie ne suffirait pas pour comprendre ce mystère. Un pape a écrit des pages et des pages sur le couple et la sexualité sacrée, Sophie : c'est notre Tantra à nous ! Saint Bernard, le saint du XIIe siècle, il a aussi beaucoup écrit sur la mystique et la beauté du poème érotique de la Bible, le fameux "Cantique des Cantiques". Cela, on ne nous l'a pas trop raconté durant les cours de caté ! Tu sais, il faut rechercher l'unité : le Christ est venu rassembler homme et femme, corps et âme. »

24

Départ du monastère

J'ai donc choisi de quitter le monastère et un possible projet de vie religieuse. Mon corps le savait déjà. Mes règles sont revenues en ville, alors qu'elles avaient disparu quand j'étais au monastère ; cela arrive souvent, paraît-il, chez les femmes devenues religieuses. Quand je repense à cela, je comprends que, pendant ces mois, c'est comme si quelque chose en moi s'était arrêté de battre, comme si la vie n'y circulait plus complètement. Trop de Ciel et pas assez de terre !

Mais que vivre désormais à l'extérieur, dans la vie ordinaire ? Faire, faire, faire, travailler, travailler, travailler, consommer consommer consommer, bouffer, bouffer, bouffer, compenser compenser compenser ? Je recommence à courir. Je ne m'arrête plus, je me laisse happer par le tourbillon, mais, au fond, en quoi, en qui je crois ?

Avant de rencontrer le Christ, je me souviens que je n'ai jamais été capable de m'asseoir et de me taire plus de deux minutes sans penser que j'étais en train de crever. J'étais obligée de courir tout Paris – chez H&M et chez Zara tous les deux jours – pour sentir que j'existais vraiment, que j'étais une vraie personne.

Exister ? Dans ma vie d'avant, c'était avoir des trucs à faire, avoir des projets, un programme, un agenda, un mec, des cours de piscine, des cours de yoga, des cours de cri primal, un écran plasma, un Mac, une tablette, un chien, un chat, un poney… Tu existes parce que tu as vu le dernier film des frères Cohen, parce que tu es au courant de l'actualité, minute par minute, grâce aux réseaux, parce que tu sais ce qu'il se passe à l'autre bout du monde à l'instant où ça se passe… Tu vis parce que tu crois avoir accès à tout, tout le temps et surtout tout de suite. Mais est-ce que je savais au moins ce qui se passait dans mon propre cœur ?

Est-ce que j'écoutais mon cœur ? Battait-il ? Est-ce que je savais que j'avais une âme ? Que je pouvais dialoguer avec elle ? Mais bon Dieu ! Sait-on qu'on a une âme et qu'elle nous parle ? Est-ce qu'on sait qu'on n'est pas qu'un animal, mais bien plus que ça, et que c'est même un sacré mystère ? Oui, je suis mon corps avec ses besoins, ses passions, ses désirs. Oui, j'ai un ventre, un sexe, du désir et, oui, c'est magnifique de faire couple, de faire l'amour, de porter, d'enfanter, mais il n'y a pas que cela dans la vie ! Et pour savoir qu'il n'y a pas que ça, eh bien il faut s'arrêter un peu ! Parce que personne ne m'en a parlé. Personne ne m'a dit de m'asseoir et d'écouter. J'aurais aimé qu'on commence par là : par le commencement. Qu'on m'apprenne le silence. Alors, j'ai envie de dire : dedans, dehors, mariée, pas mariée, mère, pas mère, religieuse, pas religieuse, peu importe, si tu flippes dès que tu te sens seul, c'est qu'il y a quelque chose qui cloche !

Pardonne-moi, Seigneur…
Moi qui voulais m'adosser à l'absolu,
être pauvre comme un oiseau et vivre sobrement,

ouvrir mon cœur inconditionnellement et ne plus m'agripper qu'à toi.
Pardon, Seigneur, pour ma petite foi et ma grande peur.
Je n'ai pas choisi le dépouillement, mais la sécurité.
Je n'ai pas eu le courage ou la folie de tout quitter.

À Saint-Michel du Var, je suis (re)devenue l'enfant de Dieu. Au fond, je l'avais toujours été, mais cette fois je le savais. C'est pendant ce long temps au monastère que le Christ m'a permis de revisiter les profondeurs de mon histoire. Et alors, tout m'est revenu en mémoire : les loups et les ombres…

De retour à Paris, j'ai été accueillie par la père Nikola Cernokrak – à qui je dois beaucoup – dans son église Saint-Séraphin-de-Sarov, dans le 15e arrondissement. Nous avons travaillé ensemble à l'institut Saint-Serge, l'école de théologie orthodoxe rue de Crimée, dans le 19e. J'y ai travaillé comme secrétaire quelques mois, tout en étudiant auprès de Bertrand Vergely et d'autres professeurs de l'institut. Le père Nikola m'a beaucoup accompagnée, soutenue pendant ces quelques années de discernement sur la vocation religieuse et ces allers-retours au monastère. Il me dit souvent : « Le jour où j'ai vu mon épouse accoucher, j'ai senti la puissance d'amour et d'épanouissement que c'était pour une femme de devenir mère, n'oublie pas ça Sonia… » C'est ainsi qu'il m'appelait… La version slave de Sophie.

Je n'en ai pas eu tout de suite conscience, mais je m'étais un peu installée dans le rôle du sage qui sait. De celle qui a vécu une rencontre personnelle avec le Christ. De celle qui a vécu un temps au monastère. Je crois que toute cette période au monastère a été vraiment radicale : un temps pour nettoyer, purifier toute ma lignée. Avec mon caractère qui aime la démesure, je suis souvent dans la lutte avec ou dans la lutte contre. Et j'ai eu justement besoin de l'Église du Christ pour venir purifier tout ça. C'est un combat, car j'ai ce truc en moi : je peux aller vite dans des conduites à risques, dans l'extrême. Je pense que cette sagesse, je l'ai recherchée pour moi, mais aussi pour réparer la vie, le vide et l'absence aussi parfois de mes parents, leurs blessures, leurs excès, leurs erreurs… Année après année, j'ai cherché à remettre de l'ordre, de la structure, à séparer, à défusionner, à éclairer, à être moins dans la confusion…. À éviter cette absence de limites ou cette absence de territoires marqués, comme souvent les enfants post 68, tels que décrits dans *La familia grande*, le livre de Camille Kouchner, l'ont recherchée.

25

Nouvelle expérience mystique

Quelques années plus tard, je suis dans un autre monastère situé en Ardèche pour une longue retraite à durée indéterminée. J'espère un nouveau sevrage de ma vie encore pulsionnelle et adolescente. Les matins, avant l'office, je vais dans une salle avec moquette et je m'étire tous les muscles. J'ai besoin de renouer le contact avec mon corps physique. Plus qu'avec le Ciel. À ce moment de ma vie, oui, j'ai la tête dans le Ciel, mais pas assez les pieds sur terre, pas assez ! Je dois redescendre sur terre pour mieux commencer la journée avant de me perdre dans la beauté des chants. Je manque d'unité entre ma tête et mes jambes et j'en souffre.

La prière et la rencontre, en soi et avec Dieu, ne peuvent se faire que comme une gymnastique, souple et lente j'imagine. Je m'imagine comme une colonne rigide et un cœur dur et froid, blessé en fait, comme un mur, puis, petit à petit, quelque chose s'ouvre, descend et se détend, plonge dedans et se relâche.

Un soir, dans ma cellule, alors que je lis le livre d'un témoignage personnel sur une rencontre mariale, je sens comme si quelqu'un, une présence quasi physique, était entré. Ce nuage chaud et invisible semble flotter au-dessus de mon lit, et me réchauffe le ventre. Un instant plus tard, ce nuage chaud et invisible semble se percer et déverser des bulles de douceur sur mon ventre et en dedans. Je goûte cette douceur, mais j'ai un peu peur. Je suis seule dans ma cellule, j'ai l'impression d'être visitée. Je crois. Et je me sens bénie, entièrement. C'est très sensuel et doux comme sensation. C'est Marie. La mère de Jésus. Ma mère aussi. À ce moment-là, à cet endroit-là, je me vis unifiée spirituellement et physiquement.

26

Rencontre de mon mari

Ah, mon mari, mon si cher mari, mon si beau mari, que j'aime tant ! Et si mal sans doute ! Je l'ai rencontré dans l'église Saint-Gervais-Saint-Protais tenue par les Fraternités monastiques de Jérusalem. La liturgie y est de style byzantin, avec la psalmodie par moments, l'encens, les icônes… Un cadre parisien qui réunit l'Occident et l'Orient. Un cadre idyllique pour se rencontrer, lui et moi.

Je le vois avancer à la communion, dans la longue et haute nef. Il porte un caban bleu et des baskets. Il est beau et recueilli. Je le retrouve après la liturgie dans le groupe de « jeunes » qui partagent l'Évangile. Un binôme a gentiment préparé le dîner, dont cet homme, Yvan. Au menu : un gratin de chou-fleur… Hum ! Pas de chance. J'avoue, le rouge au front, que je n'aime pas, mais alors pas du tout, le chou-fleur chaud et gratiné… Alors, je le lui dis. C'est maladroit sans doute, en tout cas pas très séduisant. Je commence notre relation par une critique, apeurée et contrôlante que je suis. Puis nous commençons à partager l'Évangile. Celui de ce soir parle de loi et de collecte d'impôts. Je fais la maligne en voulant contester le fond, par ignorance théologique et catéchétique, juste pour dire « coucou j'existe et suis toujours une ado qui a besoin de transgresser pour se faire voir et entendre ». Et lui me re-cadre direct avec une parole claire et droite.

À cet instant, il doit penser qu'en plus de ne pas aimer un plat d'adultes comme le chou-fleur, j'en suis encore à penser que l'Évangile est un dogme et une loi des hommes et non la Parole de Dieu… Bref, une pauvre jeune femme immature. Celle qui revient d'Inde, qui ne sait plus où elle habite, qui manque d'ancrage et flotte dans son ambivalence mystique et pseudo-spirituelle…

Nous rentrons ensemble par la ligne 11. Il descend à la station Pyrénées, moi à Jourdain. J'arrive à lui balancer mon 06, prétextant que son atelier de céramique peut intéresser l'art-thérapeute que je suis. Il ne s'en servira que quatre mois plus tard… Entre-temps, je retourne vivre chez ma môman et l'attends, lui, mon futur mari.

J'endure alors une grosse fatigue et des douleurs corporelles : une alternance entre nausées et moments de déprime. Dès la découverte de la morsure d'une tique, je suis mise sous antibiotiques de compétition. Je me retrouve auscultée dans le service « maladies exotiques » de deux hôpitaux différents. Les effets de la maladie de Lyme ont ainsi duré quelques semaines, mais après, cela allait mieux et, Dieu merci, je n'ai plus de séquelles aujourd'hui. J'étais donc encore en convalescence chez ma mère quand j'ai eu mon premier rendez-vous avec mon futur mari. Plus glamour, tu meurs ! Nous avons donc mis quelques mois avant de nous revoir. Puis, enfin, il m'a rappelée et nous nous sommes aimés pendant deux ans avant de faire le choix de nous marier, de nous dire oui avec le Christ entre nous et dans notre cœur. Pendant toute la préparation de notre mariage, nous avons évoqué nos deux Églises chrétiennes et c'était très clair pour mon mari qu'il viendrait de temps en temps chez les orthodoxes, mais que sa terre et sa culture demeureraient catholiques.

Yvan est un homme très franc, droit, fidèle, simple, qui a toujours eu la foi et, depuis tout petit, une relation intime avec le Christ. Il continue de lire beaucoup, prier, étudier sa foi. Le baptême de nos enfants s'est vécu à l'église catholique russe de la Trinité pour Irène, et à l'hôpital Necker pour Aliocha qui a été ondoyé par son père. Nous fréquentons les deux églises, mais nous allons bien plus souvent chez les catholiques ; je l'avoue, c'est un « sacrifice » pour moi, mais c'est bien comme ça.

Mon mari est potier céramiste et a développé un rapport au corps, au réel et au souffle, très simple, très ancré. Il est comme un arbre pour moi. Beaucoup moins agité que moi. Il fait les choses au fur et à mesure, s'applique comme un artisan et prend son temps. Moi je fais toujours plusieurs choses à la fois, un peu en apnée.

L'équilibre entre l'Orient et l'Occident chez nous ? L'Occident, je le trouve dans son côté droit, assez clair, assez classique dans sa foi, ses opinions et croyances souvent assez tranchées. L'Orient s'incarne dans ma féminité, mon côté artiste, bohème, mon rapport au corps, au massage, au souffle, au soin. Lui aussi est artiste, pianiste, il adore la musique, sculpteur aussi. Plutôt bien équilibré entre son faire et son être, son féminin et son masculin en soi. Nous sommes faits l'un pour l'autre !

27

Oubli et pardon

Un choc sidère. Tout s'arrête. Tu penses mal ou plus du tout. Quelque chose gèle, se fixe sur la blessure. Et ce, jusqu'à ce que tu t'assoies, la voies, l'apprivoises, la nommes, la cajoles, la panses, la transformes. Puis vient le pardon. Parfois. Et la rencontre avec ton être profond, au-delà de la blessure… C'est ici que Dieu, la surprise de ma vie, avec toute son immense délicatesse peut se laisser entrevoir.

Que c'est bon de pleurer parfois, de se savoir misérable et limitée. Que ça coule, que ça se détende, que ça respire, que ça se fluidifie. Cela ne passera pas par la force. La colère et la rage doivent finir par se dilater, sinon j'aurais loupé l'essentiel, à serrer les dents, les poings et la mâchoire, et à faire semblant toute ma vie. Blessée, je me suis construite comme un Boeing, un bulldozer, alors je bourrine par moments et passe en force. Et pourtant, c'est tout le contraire avec le pardon… Aujourd'hui, j'invoque la douceur, la délicatesse, la chasteté. J'invoque mes propres épousailles, mes retrouvailles avec moi-même. La réunification de tout mon être, corps-cœur-tête. Et c'est dans ce bassin, ce ventre, ce sexe, que la lumière descend pour soigner, que Dieu pénètre de tout son amour pour guérir. Et ce n'est pas rien. Ce n'est pas anecdotique. Nos corps sont tellement chargés de mémoire, la nôtre et celle de nos ancêtres, qu'il y a besoin en face d'un karcher radical, inconditionnel, entier qui s'installe et nettoie tout le reste. Toute cette lumière qui infuse mes entrailles est nécessaire pour faire peau neuve et pour mieux accueillir la Vie.

Parfois je me rêve mec ! « Tu veux monter sur le ring ? », me dit mon mari. « Allez, bats-toi, frappe, je te soutiens, ça va te faire du bien. Ou sinon va en forêt chanter avec les loups, c'est plus simple qu'en ville. » Non, je ne suis pas folle, j'ai juste besoin de sortir des sons moins étouffés. C'est sain, c'est naturel, ça circule dans le corps si et seulement si ça s'exprime à l'extérieur. Et plein pot ! Et non, l'adoration ne suffira pas, cher frère en habit blanc de la miséricorde, s'asseoir et adorer ne me suffira pas. Je crois en la porte du corps qui pense, du cœur qui raisonne et pas uniquement au ciel. Ici, on est sur terre mon frère. Nous sommes des êtres de chair.

J'ai été sensible à l'intervention d'un frère de la communauté Saint-Jean énoncée lors d'une table ronde portant sur les abus. « Adorer ne suffit plus ! », a-t-il courageusement lâché devant le public de ce congrès Mission organisé à Paris il y a quelques années. Il a expliqué qu'on pouvait passer son temps à prier, les yeux et le cœur tournés vers le Ciel, et pour autant continuer à faire beaucoup de dégâts sur Terre…

Oui, je traîne encore cette trahison et ces agressions de mes professeurs comme un boulet… L'oubli ? Non. Je crois qu'un viol, cela ne s'oublie pas… À la réflexion, je dirais que cette agression n'a pas blessé que mon corps, mais sans doute aussi atteint mon âme. Donc pas d'oubli, ça c'est sûr. Du pardon, oui, sans doute, car je ne me sens pas en colère au quotidien. Mais il est vrai que si je songe à nouveau à cette période de ma vie, le chagrin et la colère ne sont pas loin… Un des abuseurs est mort après avoir été malade d'un cancer. L'autre, celui qui m'a violée sauvagement, est encore vivant…

Avec ma conversion, j'ai pensé que la loi de Dieu réglerait tout cela au Ciel. Et puis, après, je me suis dit que, pour l'instant, on était sur Terre et qu'il fallait que passe aussi la justice des hommes. C'est pour cette raison que je me suis rendue au commissariat du 7e arrondissement de Paris il y a deux ans. J'ai fait un long travail thérapeutique et spirituel pour poser cet acte fort. Ma sœur m'a accompagnée pour retourner voir les policiers.

Je l'ai fait pour ma fille. Je me suis dit qu'un jour je lui raconterai mon histoire. Je ne veux pas charger son inconscient avec un secret de famille de plus, celui de sa mère violée. Je me suis dit que je lui dirais, afin d'être au clair et qu'elle soit fière du courage de sa maman. Fière que je sois allée jusqu'au bout : oui, j'ai porté plainte avec la loi des hommes ; oui, j'ai reconnu que j'étais victime de cet homme, même si j'étais volontairement chez lui, même si j'étais amoureuse et sous emprise.

Gonflée à bloc, je me suis donc rendue au poste de police. Ce jour-là, juste avant de rentrer dans l'immeuble des policiers, j'ai croisé le père Michel Zanotti-Sorkine. C'était la troisième fois que je croisais ce prêtre en soutane dans les rues de Paris, sac à dos et chanson aux lèvres. J'ai pris cela comme un signe du Ciel parce que c'était la personne à qui j'avais demandé de faire la voix off du personnage de mon père dans *Je danserai pour toi*. Il était invité à déclamer des phrases spirituelles de figures comme Pierre Teilhard de Chardin, Séraphin de Sarov, Simone Weil ou même du papa qui parle à sa fille et qui lui demande : « C'est quoi l'essentiel ? »

Cette fois-là, j'étais donc seule à déposer une plainte, car je ne suis plus trop en contact avec les autres victimes. Une sacrée épreuve quand même ! Il y avait beaucoup d'attente. Et j'étais démangée par une furieuse envie de partir. De rentrer chez moi. De parler d'autre chose. Heureusement que ma sœur était là. Elle m'a dit : « On ne bouge pas d'ici. On reste là, toute la journée s'il le faut ! Ça fait trente ans que tu traînes ce dossier ! » Alors oui, il y a eu de la thérapie. Oui, il y a Jésus. Aujourd'hui, je peux mieux me battre. Et lui, l'agresseur qui avait la quarantaine alors, est encore vivant. Des amis l'ont croisé dans la rue à Avignon : un sexagénaire alcoolisé sur un trottoir… Je l'ai aussi retrouvé sur Internet. Il montait un spectacle dont le pitch était l'histoire d'une jeune femme abusée par un metteur en scène avec, pour couronner le tout, une histoire de vampire. *No comment* !

Il y a quelques mois, j'ai reçu un courrier m'informant que l'affaire était classée. On y trouvait aussi le contact d'une association de défense des victimes pour relancer l'affaire et faire appel. Pfiou… J'ai déjà donné… Pour l'instant, je ne suis pas sûre de remettre de l'énergie là-dedans, bien que cet homme soit encore en liberté, avec une belle vie et pas inquiété pour un sou pour ses méfaits.

Vivre la miséricorde, nécessite du temps, parfois beaucoup de temps pour l'accepter, cette miséricorde, et se sentir pacifiée, doucement. Nommer les choses. Poser des actes. Puis s'abandonner à la justice divine en demandant au Seigneur de nous aider à pardonner plus profondément et nous libérer des fantômes du passé. Retrouver une énergie de Vie aussi.

Oui, je crois qu'il est essentiel de passer par la justice civile, même si elle est bien défaillante par moments et trop souvent en France, notamment quant à la violence, et plus particulièrement la violence faite aux femmes et aux enfants. Les chiffres sont effrayants, toujours en progression, et les agresseurs souvent condamnés à du sursis ou relâchés trop vite. Il existe de plus en plus d'initiatives, et notamment grâce aux réseaux sociaux, pour se confier, faire les démarches, être soutenue. Je pense à l'application « *Join the sorority* » et au travail extrêmement courageux de la comédienne, victime de pédophilie petite fille, Andréa Bescond, qui a écrit un très beau seul en scène *Les chatouilles*, et qui est aujourd'hui très active pour dénoncer, agir et prévenir les violences faites aux enfants et aux femmes.

Je me souviens d'un homme, abusé dans son enfance, qui avait dit cela à la radio après la diffusion du film *Grâce à Dieu* de François Ozon, portant sur les affaires pédocriminelles dans le diocèse de Lyon. « Ici on est sur terre quoi ! », disait-il. Cette phrase m'a vraiment marquée. Je crois définitivement qu'il y a besoin de Ciel, mais qu'il y a besoin de Terre aussi. Moi, je ne peux me passer de la tendresse et de la douceur du Christ et de sa mère : se laisser ainsi regarder, aimer et consoler, apaise en profondeur cette blessure.

Aujourd'hui encore, j'ai l'impression d'être parfois clivée. En revanche, là où c'est très clair, c'est ma réaction si cela devait arriver à ma fille ou à mon fils : je deviendrai louve et serai capable d'abattre les agresseurs et les murs sur mon passage.

Paradoxe de la vie, ce drame est à l'origine de mon métier, à l'origine de la croissance extraordinaire de mon cœur de femme aussi. Ce drame et ses conséquences me permettent vraiment de rejoindre mes patientes. Il y a donc de la fécondité quand même. Comme on peut le lire dans *Le prophète* de Khalil Gibran : « Plus profondément le chagrin creusera votre être, plus vous pourrez contenir de joie. » C'est vraiment la croix et la résurrection quoi ! Et il y a vraiment une grande résurrection sur cette blessure. Les spectacles, ma foi, mon métier, mon cœur de femme qui était un peu éprouvé : ce sont les fruits de ma résurrection nés sur cette plaie !

Les coaches et thérapeutes qui font de l'accompagnement prennent souvent la blessure comme point de référence pour aider la personne à trouver le sens de sa vie et de sa mission.

28
Être accueillie et accueillir les autres avec leurs vulnérabilités

Comment parler du pardon et ne pas évoquer la confession ? Il y a quelque temps, je suis allée voir dans une petite salle parisienne le spectacle *Monsieur le curé fait sa crise*. J'en suis ressortie, très touchée par ce texte qui parle notamment du saint Curé d'Ars qui confessait sans arrêt. Interprété et mis en scène par un de mes frères de cœur chéri, le talentueux Medhi Djaadi, ce texte de Jean Mercier parle du *burn out* des prêtres, mais surtout de la désertion des confessions. En effet, les gens ne se confessent plus. Ils ne se laissent plus réconcilier avec Dieu pour revenir à lui. Ils en perdent la paix et la joie. Ce texte nous invite à revenir aux fondamentaux et à solliciter le prêtre qui nous conduit à Dieu. Cet homme consacré nous invite sans relâche à prier, à confesser nos fautes, à nous laisser aimer par Dieu et à éviter de nous laisser entraîner dans l'activisme avec la to-do-list qui déborde de choses à faire, à organiser, à penser, à structurer, à inventer…

J'ai été très touchée par cette pièce, car j'ai longtemps redouté ce tête-à-tête avec le prêtre. Comme si une part de moi n'avait plus confiance. Comme si je n'étais pas convaincue par ce temps propice à l'intime qui se dévoile pour être dit, confessé à Dieu. Je sais que le prêtre est, lors de la confession, un simple passeur, messager de Dieu, porteur de l'Esprit Saint. Et qu'on se moque de ses péchés à lui. Il fait juste son job en fait. Mais moi, je n'arrivais pas à plonger pleinement dans la beauté de ce sacrement, à oser tout dévoiler pour m'alléger une bonne fois pour toutes, enfin pour ce jour-là. Car j'ai toujours en tête une image qui m'envahit et me trouble : une femme à genoux sous l'emprise d'un homme.

Mais quelle tristesse de louper l'occasion d'être pardonnée et de se sentir pacifiée. Et, au grand dam des psys j'imagine, car c'est gratuit en plus ! Et c'est tellement tout l'inverse du sacrement de réconciliation où l'on peut être aimé, se savoir aimé inconditionnellement. Mais à ce moment, je n'arrivais pas à lâcher, à m'abandonner. J'étais stoppée net par mes blessures envahissantes et mon mental qui me figeait. Du coup, pendant un temps, je suis restée à l'écart, passant à côté des bras ouverts du Bon Dieu et des hommes bons.

J'aime la posture du soignant, quand elle est bien ancrée dans le cœur, dans les pieds et dans le souffle, car elle le situe à un autre endroit que juste le corps. Cela s'acquiert et demande aussi un chemin de guérison. J'ai été moins patiente quand j'ai suivi mes premières thérapies et mes massages. Désormais, en étant praticienne, cela continue à être un chemin de guérison, surtout quand je vois la beauté de la vulnérabilité de ces corps qui, comme le mien, ne sont pas parfaits, qui souffrent parfois, qui sont blessés… Il y a une vraie beauté dans cette imperfection : celle de la vie !

Oh, on n'est pas un bon thérapeute à 25 ans ! Ce n'est pas possible. Il faut avoir mouillé sa chemise, éprouvé les choses, appris à écouter, et à s'accueillir pour ensuite pouvoir tout accueillir en face, être capable de rejoindre l'autre là où il est, pas à pas, étape par étape. Il faut du temps pour arriver à juste l'écouter et le rejoindre, à l'accueillir entièrement sans plaquer son savoir ou sa technique. Surtout pas. Il s'agit de rester vivante dans l'instant et dans la présence au présent, à la Présence, et à l'autre en face.

Pendant deux années, j'ai pratiqué le massage aux huiles chaudes, enveloppant et contenant, qui a des vertus unifiantes, apaisantes et vivifiantes, et la danse thérapie auprès de femmes en situation de prostitution, au sein de l'association *Aux captifs la libération*. Parfois, c'était un peu délicat. Il m'est arrivé le soir de rentrer chez moi un peu lourde. Lourde de l'énergie dégagée ou aspirée par ces corps. J'avais mes petites ressources pour revenir à la maison déchargée de leurs histoires : un bon bain, un bon footing, voire une bonne pièce de viande grillée…

Au bout de deux ans donc, j'ai quitté cette association. En y repensant, je crois que j'avais besoin de davantage de lumière et de joie dans ma vie. À ce moment, j'avais aussi un grand désir d'enfant et il me manquait sans doute un cadre plus vivant et joyeux pour l'accueillir.

Professionnellement, j'ai commencé à masser des hommes et des femmes ordinaires. Mais très vite, j'ai senti que je n'avais pas envie de masser des hommes : ce n'était pas ma place. Je ne me sentais pas appelée à ça et, dans les faits, j'étais moins généreuse dans mon massage. Je restais toujours un peu sur mes gardes, alors que mon type de massage est plutôt assez enveloppant, contenant et très féminin. Masser les hommes est aussi une pratique beaucoup plus physique. Désormais, j'oriente donc les demandes de patients masculins vers mes collègues qui travaillent avec un public mixte ; je suis bien heureuse qu'elles existent évidemment, car il est bon d'avoir des espaces pour prendre soin de soi. Les hommes ont aussi besoin d'être massés, surtout quand leur charge professionnelle et personnelle est lourde. Je me réjouis d'ailleurs qu'ils soient de plus en plus nombreux à prendre ce temps et que certains participent à des séminaires corps-cœur-esprit.

29

Comment vivre à deux au quotidien, pour la vie et jusqu'au ciel ?

Avec mon mari Yvan, nous nous sommes donc dit oui devant l'autel en 2015. Une rencontre sur le tard où chacun est arrivé avec pas mal d'expérience et une meilleure connaissance de soi. Alors, assez vite, nous avons su ce que nous cherchions et que nous désirions nous engager ensemble pour fonder un foyer et y accueillir des enfants.

Pour moi, cette rencontre a été très différente des rencontres amoureuses qui l'ont précédée. Pas de répétition des schémas habituels ici : c'est comme si la vie me proposait autre chose. Il ne s'agissait plus cette fois de répéter l'éternelle histoire de la jeune femme qui tente de sauver un homme blessé par la vie. Pas question non plus d'aller trop vite, de s'engager trop vite, de jouer l'acte III scène 4 de celle qui va être une nouvelle fois abandonnée par son soupirant.

Le comportement et la conversation d'Yvan n'alimentaient pas, avec des hauts et des bas, mes émotions et changements d'humeur de comédienne russe mystique.

Non, il était juste là et m'accueillait comme j'étais. Rien de passionnel et d'excessif n'avait de raison d'être. Il m'aimait certes, mais il avait surtout le désir de m'aimer, d'apprendre à m'aimer. Et cela, c'est un point de départ qui change tout si on choisit de s'inscrire dans la durée. Enfin un projet à long terme, solide, serein. Pas de romantisme tout feu tout flamme où la passion amoureuse est idéalisée et ravage tout : il s'agissait plutôt de vivre un amour bien réel, simple, calme et ancré.

Moi, fille de divorcée, avec une maman qui a dû souvent endosser le rôle de père, je n'ai pas naturellement le réflexe de « faire couple ». Alors j'apprends jour après jour et j'aime ça. Laisser de la place à l'autre, à l'altérité, à l'homme et au père, oui, c'est bon. Chacun ses rôles et ça change de temps en temps et cela s'équilibre au fur et à mesure que les enfants grandissent. J'observe mes nièces ou mes cousines adultes qui sont tellement coupées de la volonté de construire un couple, d'élever à deux des enfants, au nom d'une liberté qu'elles veulent totale, révolutionnaire, radicale, et cela me touche et me peine. Car je crois profondément que la vie sur terre passe par cette réconciliation profonde en soi du masculin et du féminin. Une réconciliation intérieure qui participe, selon moi, à une réconciliation profonde entre les hommes et les femmes. Une fois recherchée, cette alliance profonde en soi et à l'extérieur de soi permettra ensuite de vivre une relation sereine entre les sexes, acceptant l'altérité et ne se vivant plus sous le diktat de la comparaison et des jugements incessants. Dès lors, chacun peut tenter de rejoindre l'autre, d'oser l'intimité et l'ouverture totale avec l'autre. Même si cet autre est si différent, si introverti parfois, qu'on ne le comprend pas. Il est possible d'apprendre à écouter, toujours plus en profondeur et sans condition, de plus en plus.

En thérapie, le travail que j'ai eu la chance de faire sur « la petite fille intérieure » aide à s'accepter soi-même, entièrement et, par conséquent, à mieux accueillir les autres. Je propose aujourd'hui ce travail sur soi aux personnes que je reçois.

Ce travail réalisé lors d'une thérapie invite chacun à écouter et revisiter des « endroits de son histoire ». Celle de l'enfant qu'on appelle « l'enfant intérieur » : celui qui est toujours présent en nous. Cet enfant ou adolescent qui a été trop aimé, pas assez, mal aimé, dévoré parfois. Celui qui a su répondre aux désirs ou aux manques de ses parents. Celui qui a eu trop de lois à respecter ou pas assez. Toutes ces carences ou maladresses éducatives et affectives vont se réactiver dans la relation à l'adulte. Ce travail est un excellent terrain de jeu pour regarder en face ces aspects et enfin les prendre en charge, les panser, les guérir et les transformer. C'est une occasion de donner ce qui a manqué à cet enfant blessé en nous.

Un exemple ? Un conjoint qui arrive en retard au restaurant. Cela peut mettre son épouse dans un état d'abandon et de désespoir alors qu'il ne s'agit que d'un simple retard. Souvent, si on gratte un peu l'affaire, on découvre des fils qui peuvent remonter à des souvenirs d'enfance où l'épouse avait un père qui n'était jamais à l'heure. Un papa qu'elle a plusieurs fois attendu, désespérée, sur le trottoir de l'école alors qu'elle était en CP. Et là, à l'occasion du retard de son époux au restaurant, cette impression pénible se réactive. Quand il n'y a pas eu assez de sécurité intérieure, quand on a manqué d'une assise affective bien solide, des sentiments douloureux, parfois d'effondrement, peuvent se réactiver comme ça, inopinément, à l'âge adulte.

Tous, nous vivons ce genre de situations liées à des moments de l'enfance qui se réactivent car nous avons tous été enfants et l'amour parfaitement ajusté des parents n'existe pas. Mais nous n'en avons pas tous conscience. La proposition thérapeutique faite à l'adulte est de traverser la rive, de récupérer cet endroit congelé en soi, de le réchauffer, d'en prendre soin et de ramener de la fluidité et de l'unité dans sa personne.

Un autre exemple concret plus personnel : parfois, je sens que je vais rugir, que je vais bondir sur mon mari parce que je trouve qu'il n'est pas assez présent. Je sais que c'est en lien avec mon père qui n'était jamais là. Le fait de savoir que c'est la petite fille en moi qui est en manque de sécurité, plutôt que la femme, m'aide à prendre du recul. Je respire un coup et je le dis alors à mon mari et, ensemble, nous dédramatisons la situation avec une pincée d'humour. Ces moments difficiles où je me sens parfois vulnérable sont aussi l'occasion de me faire davantage connaître de mon mari et de lui dire ce dont j'ai besoin.

En tant qu'adulte, moi, Sophie, je dois aussi pouvoir nourrir cette « petite fille » et lui donner ce dont elle a besoin. J'ai bien compris que ce n'est pas l'autre qui va me sauver et qui va remplir mon gouffre. La prière est un bon moyen, car je vais me laisser à nouveau aimer, regarder et consoler par le Tout Autre, cet amour infini et inconditionnel qui emplit tout. C'est la meilleure issue pour moi.

J'ai aussi d'autres petites recettes personnelles très concrètes, simples et pratiques comme déguster un délicieux carré de chocolat, visionner une bonne série télévisée, voir une copine et parfois me glisser sous un plaid pour me tenir au chaud. Des petites choses qui vont me donner du soin, du contentement et éviter d'agresser l'autre ou de lui demander ce qu'il n'est pas en mesure de donner, car ma demande, à ce moment de mal-être, est trop gigantesque : c'est celle d'une petite fille et non d'une femme.

Mendier, et parfois agresser l'autre avec trop d'attentes mal ajustées, finit par blesser l'amour et laisse parfois des traces. L'autre a aussi ses blessures et son histoire. Des chercheurs en psychologie ont remarqué que, très souvent, un partenaire de vie a peu ou prou les mêmes blessures que nous : il nous permettrait de rejouer autrement la relation à notre père ou à notre mère, car nous l'aurions choisi inconsciemment pour cela.

Ces dernières années, pour avancer dans mon travail sur moi-même et pour les autres, j'ai pas mal puisé à la source de la littérature spécialisée. Je me suis penchée sur ce qui gravite autour du concept de gratitude en psychologie positive, de la capacité à s'émerveiller de tout, à re-choisir à chaque instant la joie et l'abondance. Un état d'esprit que l'on peut vivre sous l'angle de la foi et de la prière.

Alors, jour après jour, je m'efforce de voir tout le bon qui existe autour de moi et de m'en nourrir. Cela m'aide à me réactualiser aujourd'hui en tant qu'adulte pour vivre l'esprit plus léger et ouvert. Comme si je reprogrammais mon cerveau et ma mémoire, comme si je musclais mes pensées avec du bon et du beau. Mon amie Flore Judet anime des stages sur ce thème et nous a recrutées, Bénédicte Devolve et moi-même, une autre chère amie et collègue, qui travaille autour du rayonnement par la couleur et fait un travail merveilleux et très profond, avec des centaines de femmes, sur l'estime de soi.

30
Cheminement entre les Églises catholique et orthodoxe

J'ai donc été chrismée orthodoxe tout en ayant été baptisée catholique à ma naissance : officiellement, je n'ai plus le droit, pour les orthodoxes, de communier chez les catholiques. Pour compliquer l'affaire, vu que mon retour dans l'Église orthodoxe a eu lieu dans une Église autocéphale (une Église orthodoxe occidentale qui s'inscrit dans la tradition des premiers chrétiens avant le schisme de 1054 et qui accueille tous les chrétiens à la communion), je n'ai « officiellement » pas le droit non plus de communier chez les orthodoxes… Dur ! Pour moi, au niveau plus intime et sans doute pas à l'aune de la doctrine « pure », j'ai un pied dans l'Église catholique et l'autre dans l'Église orthodoxe. Je me sens à cheval entre les deux, les deux poumons grands ouverts, et en communion profonde de cœur avec les premiers chrétiens, chrétienne entièrement et pleinement. Avec gratitude pour ce que l'Orient et aussi l'Inde m'ont permis de découvrir et de recevoir, dans le silence et l'assise. Comme si cette tradition, ce pays et ces rencontres m'avaient préparée à rencontrer le Christ, avec davantage de silence et d'espace à l'intérieur de moi. Comme si j'étais redevenue alors une page blanche. Cette disposition à recevoir, je ne l'avais pas reçue ni éprouvée lors des séances de catéchèse de mon enfance dans l'établissement scolaire Sainte-Marie de Neuilly. Pour autant, je conserve un très bon souvenir de cette école, de l'intelligence et de l'esprit de ses sœurs. Sans doute l'Esprit Saint a alors planté des graines, ce que, à l'époque, je n'ai pas remarqué une seconde !

Depuis que je suis maman, je m'interroge : comment prépare-t-on la terre d'un enfant, d'un jeune adolescent, pour qu'il puisse recevoir la puissance du Verbe et de la lumière infinie, de la Parole, de ce qui est au-delà de toute contingence, le principe et la fin, l'alpha et l'oméga ? Je songe à la catéchèse du bon Pasteur, construite sur les principes d'éducation de Maria Montessori ou encore à l'école de vie chrétienne proposée par le bienheureux Marie-Eugène de l'Enfant-Jésus. L'assise, le silence, la découverte du beau, de l'importance des rituels, des rites de passages, de la nature et du sacré, devraient être transmis en même temps que les Évangiles, pour aider les enfants à être encore davantage disponibles à recevoir l'immense et indicible mystère de la présence du Christ dans nos cœurs humains, trop vite tordus et verrouillés, en tout cas bien encombrés.

Je crois aujourd'hui que Dieu nous ramène au cœur de notre authentique intimité, de notre profonde essence, de notre vraie nature. Comme si on se retrouvait au temps du jardin d'Éden, avant la séparation, avant la comparaison entre l'arbre de la connaissance du bien et du mal : une possibilité de retourner à la source la plus intime, la plus belle, la plus profonde de notre être.

Entre ma chrismation orthodoxe au monastère Saint-Michel du Var et ma demande d'être accueillie à la communion chez des orthodoxes plus traditionnels, quelques années se sont écoulées. Monseigneur Martin, du monastère Saint-Michel du Var, le danseur qui m'a ramenée au Christ et parlé du mouvement dans les Évangiles, contacte le père Nikola Cernokrak pour qu'il m'accueille dans son église Saint-Séraphin-de-Sarov, rue Lecourbe à Paris ; l'église a hélas brûlé pendant la guerre en Ukraine. Ce prêtre m'a paru si bon, si chaleureux, et tellement moins compliqué que les pères de l'église orthodoxe de la rue Daru. Il a choisi de m'accueillir à la table de la communion avec beaucoup de tendresse, comme un bon père. Quelques années après, il est venu voir pour la première fois le spectacle *Je danserai pour toi* et il a été ému aux larmes. À la fin du spectacle, il m'a prise dans ses bras, fier et touché de voir sur scène le témoignage de tout ce chemin spirituel, lui qui sait combien le parcours fut parfois douloureux, émaillé de beaucoup de doutes et d'aller-retour.

Quelques années après cet accueil à Saint-Séraphin-de-Sarov, j'ai écrit à monseigneur Joseph, évêque roumain, un homme me paraissant bon, simple et priant. Je lui ai raconté mon parcours de foi et demandé la permission de communier chez les « vrais » orthodoxes. Je n'ai pas eu tout de suite de réponse…

Ce chemin un peu chaotique et clivé vécu dans l'Église orthodoxe, puis catholique, cet entre-deux, le fait de ne pas rentrer dans les clous, de ne pas véritablement choisir, d'être finalement un peu comme une ogresse dans la toute-puissance, au-dessus de la loi de la maison qui m'accueille, n'est que le reflet de ma vie et de ma vie intérieure sans doute, de mon éducation aussi. Tout vouloir, tout prendre, ne pas choisir ni renoncer. Finalement, l'Église n'est que le support de ce qui m'habite à ce moment-là, de toutes mes transgressions et de mes non-choix et de mon manque de chasteté. J'ai passé beaucoup de temps à accuser l'Église que je trouvais parfois trop raide, trop poussiéreuse et à l'ancienne, notamment ceux de ses membres à tendance xénophobe et homophobe. Mais elle appuie sur mes torsions et courbatures : elle reflète mon chaos. Car nous sommes toujours cet autre que nous accusons. Cette Église, qui me semble parfois si névrosée, demeure pourtant le miroir non déformant de ma vie intérieure.

Finalement, l'évêque roumain répond à ma lettre par téléphone. Je me souviens d'avoir reçu cet appel alors que j'étais en haut de la tour Eiffel. C'était la première fois, alors que j'étais, à l'époque, une Parisienne depuis trente ans ! C'est donc une fois la tête dans le ciel de Paris que ce conseiller spirituel, homme de Dieu, inscrit dans cette magnifique tradition orthodoxe, m'appelle après plusieurs mois d'attente. Sur le moment, je devine dans ce timing un clin d'œil du Ciel ! Il accède à ma demande. Je me réjouis, car l'Église et mon corps ne sont pas séparés.

Ô mon Église, tu me divises souvent. Mais je suis une partie de cette Église. Comment pacifier ces contradictions ? Comment répondre aux impératifs de ceux qui prônent la paix et l'amour et, en même temps, menacent l'équilibre du corps et des sentiments avec trop d'exigences ? Et en même temps, c'est assez enfantin de rejeter sur l'autre la responsabilité de mes clivages internes. C'est encore puéril de croire que l'autre est responsable de mes petits bobos intérieurs. Il n'est sans doute que le reflet d'une part de moi-même.

Mais cette assemblée de l'Église me semble parfois tellement « coincée » dans sa poussière. Coincée… Je le dis doucement, tendrement. C'est banal de dire que l'Église est « coincée ». Surtout si on compare ses fidèles aux personnes du cinéma, de la télé, les publicitaires, les personnes plongées dans le développement personnel new age, qui semblent tous si libres. En regardant d'un peu plus près, nombre d'entre eux sont parfois encore plus frileux. Il y a parmi eux des bien-pensants à l'esprit bobo moralisateur, sachant ce qui est bien ou mal et le prêchant à tue-tête. Je suis parfois cette bobo qui prêche bien sûr… Mais il semble difficile pour certains d'imaginer et de penser un peu plus grand et un peu plus vaste, de revenir à l'essentiel, à la racine des choses, à l'origine, de peur d'être immédiatement classés et jugés tradi ou réac.

Il s'agit alors, avec l'aide du Christ, de continuer à voir au-delà du visible, de se taire au lieu de juger trop vite. Aujourd'hui, dans la campagne où je vis, les églises sont vides et les chants et homélies souvent très pauvres. Mais le Christ nous attend toujours pour ces noces et ce sacrifice qui me rendent de plus en plus vivante quand je le laisse faire. Il attend, nonobstant la qualité de la liturgie ou la profondeur de l'homélie : il attend dans toute sa pauvreté. Il est là, à chaque office. Il attend, t'invite et s'offre. Il offre tout, toute la lumière du monde en nourriture.

Je confesse pourtant que la mystique et la liturgie de l'orthodoxie me rejoignent beaucoup plus que celles de la pratique catholique. J'aime la place qui est faite à la psalmodie, au chœur orthodoxe, à la beauté des icônes, aux baisers et signes de croix posés sur elles, à l'encens, à l'adoration de la Mère de Dieu, à ces temps d'offices qui durent plus longtemps et où l'on reste à la verticale, pieds aux sol et tendus vers le ciel, suffisamment longtemps pour que le mental se relâche et que je sois enfin là, les antennes ouvertes et détendues, pour recevoir toute cette énergie divine incréée. Lors de ces temps d'offices, parfois interminables, le mental peut se caler autrement, grâce aussi à la répétition de la psalmodie, et tu es là comme en état de conscience modifiée, juste connecté à plus grand que toi et priant.

Je suis donc en ce moment présente dans les deux Églises : très souvent à l'office avec mon mari catholique et environ une fois par mois chez les orthodoxes. C'est un sacrifice dans notre mariage, que j'accueille aussi pleinement que possible. Si cela ne tenait qu'à moi, j'aimerais être chez les orthodoxes tous les dimanches. Et pourtant, j'apprécie la sobriété des célébrations chez les moines bénédictins ou les cisterciens. Je goûte aussi la joie et la puissance des communautés charismatiques et leurs temps de louange. Sans oublier la beauté – pour le coup byzantine – des chants des sœurs de Jérusalem ou de Bethléem. Tout ce foisonnement Orient-Occident vécu et célébré en terre chrétienne me nourrit.

31
Défi pour concilier foi chrétienne et influences orientales

Je me revois courir sur mon tapis électrique du club Med Gym, casque collé sur les oreilles avec Kerry James, un rappeur que j'aime écouter, quand je n'ai pas la pêche ! Le beat de son rap me soutient psychiquement et me donnait alors l'impression d'être plus solide à l'intérieur, comme renforcée. Ce rythme scandé vient nourrir la part masculine en moi, avec la sensation d'être capable d'abattre des murs et d'être « juste debout », comme on le lit dans les psaumes. Aujourd'hui, depuis que j'ai retrouvé le Christ, j'apprécie toujours d'enchaîner les kilomètres avec du gros son sur les oreilles !

Depuis longtemps, j'apprécie l'énergie transmise par le rap (et heureusement que je ne comprends pas toutes ses paroles américaines souvent adolescentes, violentes et totalement misogynes qui me donneraient envie de pleurer ou de me désespérer parfois de la pauvreté du contenu). Ce rythme entraînant m'aide souvent à me mobiliser, à trancher et entreprendre, moi qui me sens souvent aussi collée et collante que le fameux sparadrap du capitaine Haddock.

Bon, sans hésiter une seconde, je peux affirmer que l'énergie du rap et l'énergie divine ne sont pas les mêmes. Mais les deux sont liés à quelque chose qui s'apparente au feu et les deux mettent et créent aussi une sorte de feu.

Paradoxe : je suis chrétienne et je parle d'énergie… Une vision plus à la mode dans le new age, mais pourtant la mystique orthodoxe témoigne elle aussi de l'énergie divine. Ah… ma chère Église qui m'accueille à nouveau, je m'adresse de nouveau à toi. Je ne crois pas que le yoga pratiqué en France sous forme de gymnastique douce soit diabolique. Oh que non ! Je crois que j'ai besoin, en tant qu'être incarnée, de m'étirer, me déposer, sentir la posture, et à nouveau étirer, déposer, souffler. Reposer, pratiquer. Bref, d'aimer dans le mouvement. Et dans la relation. Je cherche chaque jour cet alignement entre bien-être, développement personnel, écoute de soi, sans oublier d'offrir, abandon… Le tout en veillant à ne pas trop se soucier de soi, ne pas être esclave de ses émotions-sensations, et surtout à tout déposer dans les mains et aux pieds du Christ. Que cela relève du corps ou de l'âme.

Par exemple, ce matin, je suis partie à un cours de danse Gaga. Cette pratique a été conçue par un danseur palestinien nommé… Gaga ! La proposition est de sentir tout ce que je vais mettre en forme dans la danse, ce que je veux manifester au monde et qui va habiter chacune de mes cellules qui dansent. Il s'agit d'une danse libre qui part de l'intérieur de soi. Bon, de prime abord, l'expérience semble « ultra-égocentrée » sur le professeur : Narcisse est au centre de la pièce, devant tout le monde, et jouirait de sentir chaque micromouvement, ses os, son sang, ses cellules, tout exulter dans son corps parce qu'il sent, ressent et bouge avec. Quant à nous, les stagiaires danseurs, nous sommes placés en cercle autour de lui, pour mieux voir, sentir et habiter les gestes – nos gestes – inspirés des siens.

Je dois vous dire que moi, à ce moment-là, je ne me sens que lourde et fatiguée. Comment bouger et virevolter sur la piste dans cet état ? Eh bien, imaginez que vous avez des coussinets d'air sous les orteils, au creux des genoux. Imaginez que tout votre visage se tend pour sentir, imaginez que vous flottez, imaginez que votre cœur s'ouvre, que vous plongez dans vos organes pour les secouer, les faire bouger de l'intérieur, les « déranger », imaginez que beaucoup d'espace s'ouvre en vous ! Cela crée de l'espace ! Imaginez que votre bras droit n'est pas symétrique avec votre gauche et que votre corps bouge différemment de d'habitude. Bref, convoquez l'imaginaire et vos sensations !

Pour un artiste, un danseur, un acteur, il est primordial d'habiter ses sensations pour les manifester et les incarner. Ensuite, il peut tout offrir sur scène et dans la vie, avec plus de vérité, d'authenticité. Il s'agit d'intérioriser pour extérioriser, de se replier sur soi avant de se déplier pour les autres.

Je suis très surprise quand des chrétiens qui pratiquent l'oraison ou la prière du cœur, depuis des lustres, ne commencent pas par le commencement : se rendre disponible physiquement pour mieux ouvrir son cœur à plus grand que soi. Beaucoup n'ont tout simplement pas les outils pour juste sentir et habiter, poser son attention sur ses pieds et ses fesses qui reposent sur le sol et le coussin de prière. La base. Rester là et habiter. Être attentif au présent, à la présence de « Je suis celui qui suis » (Exode 3,14).

Comme vous l'avez lu, j'ai beaucoup pratiqué et voyagé dans des milieux non chrétiens qui avaient d'excellents outils à partager. En rencontrant ces personnes, je pouvais parfois me sentir moins nourrie que lorsque je rencontre des frères brûlés par l'amour du Christ. Mais dès lors que j'ai eu les pieds bien enracinés dans ma foi et ma tradition chrétiennes, j'ai pu ouvrir et accueillir ces différences sans me perdre dans de l'énergétique bancal ou des pratiques occultes et obscures.

Cette posture, me fait penser au travail de la psychiatre Marie-Rose Moro qui parle d'acculturation lorsqu'elle accompagne les enfants nés de parents migrants en France. Madame Moro est mon meilleur souvenir d'études, ma période de vie la plus riche intellectuellement. Cette femme est brillante et son travail, alliant la psychologie et l'anthropologie, est passionnant. En effet, pour beaucoup de peuples du monde, la part spirituelle de l'être humain n'est pas séparée de lui : ni tabou ni honteuse comme dans certains pays d'Occident, elle fait partie intégrante de la personne et de la réalité du monde. Quel souffle ! Madame Moro, qui est aujourd'hui à la tête de la maison des adolescents à Paris, centre psychiatrique de grande qualité, encourage ces enfants à apprendre ou à parler leur langue d'origine maternelle ou paternelle, pour encore mieux recevoir la culture française, ses habitants et parler. Comme une assise complète, un socle pour avoir davantage de confiance en soi. Une possibilité de mieux vivre, sans nier ses origines ou vivre hors-sol, coupé de ses racines.

32
Défis pour construire son couple dans le temps

En l'épousant, je ne savais pas…

En m'épousant, il n'avait pas imaginé que…

On ne sait pas grand-chose en épousant l'autre. Tout est neuf, frais, on surfe sur le bien, le beau, et le bon. Le désir et l'attraction, l'envie et tous les oui possibles et imaginables ! Puis, expliqueront les neurosciences, les hormones baissent et l'on commence à mieux percevoir les limites de l'autre. Il apparaît avec toutes ses blessures d'enfance pas visitées, pas pacifiées, inconnues parfois et refoulées pour mieux « survivre ». Elles vont ressortir à l'occasion de telle ou telle situation en apparence anecdotique et souvent très anodine.

Et cela devient insupportable. Insupportable que l'autre soit toujours en retard, insupportable que l'autre ne range pas au même rythme ou pas du tout, insupportable que l'écran soit sans cesse scotchant et scotcheur d'attention, insupportable de ne pas se sentir écouté, insupportable de ne pas se sentir désiré. Bref, il y a du travail pour rester et durer ! Comme pour les autres couples, il faut apprendre à s'aimer vraiment !

Pour aider à régler, à relever les défis de la vie de couple, l'Église a des clés, mais ses porte-parole manquent parfois d'incarnation… Le corps sponsal, le corps sacramentel originellement beau et bon, sans honte aucune, l'idéal romantique et chaste de la théologie du corps, presque absolu, tout cela est magnifique. La vision de cette communion en Dieu, à travers le couple et l'acte charnel est très belle. La joie du don, la fécondité de la croix sont de véritables portes pour apprendre à s'aimer sans posséder. Mais je trouve que la dimension psychologique est assez maigre.

Sans doute parce que, comme beaucoup d'autres, j'ai quand même pas mal souffert affectivement. Seul le Christ peut tout nourrir en moi, tout accueillir, tout combler, restaurer, sans jugement, sans projection : il prendra dans ses bras et sur son cœur tout ce que je suis, toute mon histoire et toute ma misère. J'ai enfin compris que seul lui peut me combler. Ni mon mari ni mes enfants, malgré leur amour, leur bonne volonté et leurs qualités, ne peuvent le faire. En plus, je ne veux pas leur faire porter cette responsabilité, je ne veux pas leur faire porter cette charge trop énorme et je ne veux pas non plus être trop dépendante de ce côté-là. Mon gouffre d'amour, mon besoin d'amour est trop grand ! Seul Dieu peut étancher cette soif inextinguible !

Notre mariage se vit donc avec le soutien du Seigneur. Je sais qu'il est là et permet de trouver un équilibre. Mais c'est un équilibre à rechercher régulièrement. Dans le quotidien, je demande beaucoup d'attention de la part de mon mari… Je me bats pour regarder davantage vers Dieu et éviter la fusion illusoire et le romantisme mortifère : ils font trop de dégâts ! C'est un combat ! Un peu comme l'engagement à faire du sport, prendre des vitamines, bien dormir, pour être bien avec mon époux et les enfants. Il faut s'accrocher pour tenir sur la durée !

Le romantisme, ce n'est pas le réel, en fait. Et l'écart entre ce dont on rêve et la réalité, fait souffrir. Le réel ? C'est mon mari qui voit mes limites et moi qui découvre les siennes. Année après année. Et chacun s'efforce d'accepter l'autre comme il est, avec ses pauvretés, ses vulnérabilités. Et comme il est potier céramiste, il sait qu'un objet qui a été façonné des heures durant avec de la terre peut se fendre à tout moment à la cuisson.

Chaque jour, il apprend et transmet une manière d'être au monde, dans l'abandon et le détachement. Oui, après des jours de travail sur un objet, du temps et de l'argent investis, tout peut voler en éclats. Il sait aussi, et le vit, que le plaisir immédiat n'a rien à voir avec le bonheur ou la joie profonde, et qu'amour et souffrance, et joie et souffrance, sont les deux faces d'une même pièce. Il a compris qu'il ne s'agit pas de chercher le plaisir à tout prix, mais plutôt de prendre le temps de respirer avant d'agir, un moyen d'accueillir la vraie paix, celle qui comble et demeure.

Mon mari a aussi suivi une formation de philosophie pratique aristotélicienne et de théologie qui, au travers de nos échanges, a contribué à me remettre d'aplomb, les pieds bien sur terre. Merci à lui !

33

Thérapie pour couple Imago

À la suite de tout ce travail de connaissance de soi et de mes différentes formations de thérapeute, et en lien avec ma foi chrétienne, j'ai étudié la technique de thérapie pour couple dénommée Imago. Selon elle, nous sommes ensemble dans un couple car nous avons les mêmes blessures profondes de l'enfance tous les deux. Inconsciemment, nous nous sommes reconnus et rencontrés. Selon cette thérapie, tout ce qui nous arrive dans les relations une fois adultes est à 90 % de notre responsabilité. Nos blessures créent des frictions, des réactions, des cicatrices qui se réveillent au contact de l'autre. La plupart du temps, ces réactions émotionnelles peuvent pourrir le quotidien, blesser l'amour profondément et conduire au divorce ou à l'enfer de la vie de couple et familiale. Mais c'est le passé qui affecte la qualité du présent, ce n'est pas le présent, ni le réel « objectif ». Et ce processus se réactualise tant que l'enfant à l'intérieur de nous n'a pas été entendu et consolé. Donc, l'autre n'est pas responsable de mon malheur, de mon chagrin, de ma colère, de mes frustrations. En revanche, à deux, nous pouvons nous efforcer de restaurer ce qui a été blessé enfant.

Pour devenir adultes, il nous faut alors prendre le temps de communiquer, de porter un vrai intérêt, une véritable curiosité à ce que l'autre vit et aussi pour ce que chacun ressent intérieurement avant de réagir, de bondir et de mordre. Il s'agit de prendre le temps de sentir ce qui se joue pour moi à ce moment, de l'éclairer avec davantage de prise de conscience et de pouvoir le nommer. Une fois cela fait, il s'agira d'essayer d'y répondre à deux. Par exemple : je me sens triste quand tu dis ceci ou agis comme cela. Cela vient réveiller un mauvais souvenir dans mon histoire. Il me faudra alors, à ce moment, prendre soin de moi pour consoler cette part blessée, ou j'aurais besoin aussi que l'autre puisse l'entendre, l'accueillir, et peut-être poser un acte pour m'aider à panser l'ancienne plaie, etc. En fin de compte, les frictions et crises dans la relation de couple partiraient de soi et non pas de l'autre. Cela change la perspective, non ? Cela permet surtout de mieux se rejoindre, de moins se blesser, et de trouver des moyens, à deux quand c'est possible, de détricoter des problèmes, pointer de vraies responsabilités et cesser d'incriminer l'autre qui n'a pas grand-chose à voir avec ce dont on l'accuse.

Cette technique Imago est pertinente, même si elle prend appui sur un parti pris très engagé et un peu étroit. Je trouve en effet qu'elle ne prend pas vraiment en compte le mystère de la personne, la réduisant un peu trop à son histoire psychologique et personnelle.

Pour mon mari et moi, si je devais résumer l'ensemble de notre histoire de couple jusqu'à aujourd'hui, je vois une rencontre qui pétille, qui éclaire et qui inaugure une vie radieuse. Une rencontre champagne et raisonnable aussi. Une rencontre qui se construit, qui se cherche, qui s'éduque. Ensuite, je vois deux personnes qui s'installent, qui créent ensemble. Puis, les nuages de la fatigue, de la frustration, des déceptions s'accumulent. Heureusement, vient de temps de l'abandon, du lâcher-prise, qui permet un grand retour à la simplicité : on se pose moins de questions, on se laisser de l'air et de l'espace, on se fait davantage confiance. Avec les années, l'expérience et un zeste de réalisme, nous avons délaissé certains rêves comme la prière commune et quotidienne à tout prix ou encore la nécessité que l'autre nous écoute sur tout et comprenne tout selon notre propre point de vue… Désormais, nous savons que le fond est là, partagé par tous les deux, et que c'est l'essentiel. Les émotions, les états d'âme : ils passent.

L'éducation de nos petits bénéficie aussi de ce changement de perspective : je fais davantage confiance à son instinct paternel, je le laisse faire à sa sauce, même quand je n'aurais pas du tout fait pareil. Et je me positionne davantage avec les enfants, en me laissant inspirer par la posture de mon mari qui est parfois plus claire et donc rassurante pour eux.

Nous n'apprécions pas tous les mêmes couleurs... Je constate qu'est enfin venu le temps de passer de la comparaison, de la parité à tout prix, de la revendication et de la frustration, du reproche permanent, au temps si précieux de l'alliance.

Quand j'y pense, quel temps précieux avons-nous perdu à nous pourrir, à se faire la guerre, nous qui sommes censés être alliés ! Toutes ces invectives, ces reproches ! Toutes ces occasions stériles (mais parfois aussi fécondes pour mieux se connaître) pour faire des reproches, pour projeter sur l'autre nos propres maux, nos propres manques. Quel dommage ! Évidemment, ça continuera encore pendant des années, mais moins longtemps, car nous sommes moins ignorants de la chose et munis de davantage d'outils pour nous comprendre, s'accueillir et se pardonner plus rapidement.

Je suis convaincue que les couples ont besoin d'aide, comme une éducation active à l'amour ! Vivre ensemble et s'aimer ne suffit pas. La volonté d'y arriver et le travail sur soi peuvent vraiment aider à traverser les épreuves et demeurer stables et sereins sur ce chemin d'amour à deux que l'on a choisi.

34

Joies et épreuves de la maternité

Joie! Je suis maman pour la première fois en 2016. Ma petite fille chérie, ma petite Irène, est enfin là: bienvenue mon amour sur cette magnifique Terre! Tu es si présente déjà avec les yeux grands ouverts de ceux qui ont la sagesse de s'émerveiller de l'instant. Ta maman a voulu être religieuse, tu le crois? Quelle drôle d'idée n'est-ce pas? Et comment aurions-nous fait pour danser ensemble si cela était advenu? En fait, ma petite chérie, à cette époque, je voulais juste goûter et creuser le silence et sentir mon cœur un peu plus calme. Ton cher papa m'a beaucoup aidée. Et pour continuer de progresser sur ce chemin, je marche avec lui et le Christ, les pieds sur terre et le cœur plus léger, plus ouvert. Dans tes grands yeux, ma grande fille chérie, je le vois, je vois la lumière du Christ.

Désormais, je peux dire: « Bonjour Seigneur, merci pour cette journée qui commence avec toi. Tu penseras à moi? Non, je rigole, je sais que tu penses à moi. C'est juste moi qui ne pense pas assez à toi… Aujourd'hui, j'ai un rendez-vous important et je vais avoir besoin de toi en version plus plus plus. Bénis cette journée. » Le soir, je m'adresse aussi à lui : « Bonsoir et merci pour cette journée qui se termine avec toi. Merci, ça s'est bien passé je crois. J'ai pensé à toi et ça m'a aidée. J'ai bien senti ta présence. Veille sur ma nuit ! »

Fruit de notre amour, un an et demi après l'arrivée d'Irène, notre foyer s'est agrandi avec l'arrivée d'Aliocha, notre petit garçon. Les premiers temps ont été terribles : il aurait pu mourir à cause d'une malformation qui avait déplacé une partie de ses organes et il avait un poumon fermé. Mon mari l'a immédiatement baptisé – on dit ondoyé dans ce cas –, puis Aliocha a subi une grosse opération. Quelle épreuve ! J'ai souffert moi aussi. Je me sais marquée par cela. Je le vois bien : je suis tout le temps inquiète pour lui. Même s'il se porte très bien maintenant.

Flash-back.

Moteur !

« Madame, il y a un problème avec votre petit garçon.

Je suis allongée depuis plus d'une heure pour cette troisième échographie qui s'éternise. Du gel sur le ventre, à ma droite ma petite Irène qui attend patiemment scotchée sur YouTube kids avec les petits poissons dans l'eau en boucle… J'attends, respire et écoute calmement, ou froidement peut-être, limite sidérée la Mama !

Le bel homme échographe continue :

— Votre bébé a une malformation, une hernie de la coupole droite, un trou dans le diaphragme qui crée du désordre dans tous les organes. Vous allez devoir accoucher à l'hôpital Necker où il sera reçu et opéré dès sa naissance. On est vendredi soir, je les appelle pour un rendez-vous à la première heure lundi matin.

Je me relève, tente de m'asseoir, les petits poissons dans l'eau sur l'écran de ma fille nagent encore.

— Merci monsieur. Cher monsieur. Je peux appeler mon mari ? »

Deux heures auparavant, je répétais un spectacle mêlant clown et danse sur le thème de la compassion, une commande de religieuses espagnoles de Toulouse pour leur chapitre qui a lieu tous les cinq ans. Je dois donc partir impérativement le lendemain. À la fin de ce spectacle, qui raconte le cycle de toute vie – vie-mort-vie et la fécondité dans tout ce mouvement de vie –, il y a la prière d'abandon de saint Charles de Foucauld que je récite en boucle depuis des semaines pour pouvoir la mémoriser une fois sur scène.

« Mon Père,
Je m'abandonne à toi,
fais de moi ce qu'il te plaira.
Quoi que tu fasses de moi,
je te remercie.
Je suis prêt à tout, j'accepte tout.
Pourvu que ta volonté
se fasse en moi, en toutes tes créatures,
je ne désire rien d'autre, mon Dieu.
Je remets mon âme entre tes mains.
Je te la donne, mon Dieu,
avec tout l'amour de mon cœur,
parce que je t'aime,
et que ce m'est un besoin d'amour
de me donner,
de me remettre entre tes mains, sans mesure,
avec une infinie confiance,
car tu es mon Père. »

Quatre heures après les terribles informations de l'échographe, je suis en train de consoler mon mari. Sans doute pour ne pas m'effondrer moi-même. À moins que je ne réalise pas du tout ce qui se passe. J'annule donc ma tournée. Les religieuses n'auront pas le temps de prévoir autre chose, désolée ! La compassion et l'abandon ne sont plus seulement les thèmes de ce spectacle imaginé et mis en scène, mais bien le cœur des prochains mois à venir de ma vie de maman.

Quelques semaines après et plusieurs rendez-vous à Necker pour bien visualiser ce que la vie et toutes ses montagnes russes émotionnelles nous invite à vivre, c'est au tour de mon mari de me consoler.

Je suis avertie : si celui qui s'appellera Aliocha survit à sa naissance et à son opération, car rien n'est moins sûr, il n'y aura pas de peau à peau. Zéro communion charnelle. Pas d'allaitement. Nos neuf mois de vie commune seront remplacés par une couveuse, des bipbip et des tuyaux partout. Loin de la chaleur de mon ventre ou de mes bras, il y aura du froid, de la solitude la nuit… Nous rentrerons seuls à la maison, sans bébé Aliocha, sans couffin. Bref, une méga expérience de vie-mort-vie.

« Tu vas le rencontrer direct par la grande porte, ton petit Aliocha, ma femme chérie, en communion spirituelle directe. Trop la classe ! », me murmure mon mari.

Pour le coup, mon cœur s'est bien ouvert dans ce service de réanimation de néonatalogie. Collés à la chambre d'Aliocha, des bébés qu'on débranche, des intestins qui sortent, des cœurs qu'on opère, des infirmières tout offertes, de nuit comme de jour, des mamans aux gros nénés qui tirent leur lait et se rencontrent autour de plus que l'essentiel, le fruit de leurs entrailles entre la vie et la mort.

Je suis nue, sans masque, sans arme, à vivre chaque instant plein pot ! Je savoure chaque instant dans une urgence de vie précieuse. Si précieuse.

Des mois plus tard, je me suis vue retourner et errer dans les couloirs de Necker en quête de cette urgence de vie, de ce monde dans le monde, de cette ville dans la ville, où tout est suspendu, entre parenthèses. Où tout est densité extrême et essentiel. Je voulais retrouver ce goût de la vie à tout prix, cette force et ce courage de louve quand il s'est agi de la survie de mon tout-petit.

L'autre jour, à la piscine, Aliocha est tombé sans bouée dans le grand bassin. Le temps que j'entende sa grande sœur crier « Maman, Aliocha est tombé ! », que je saute dans l'eau, que je nage à l'autre bout du bassin, petit Aliocha, 2 ans et demi, s'était agrippé au mur. Oui, il a pris appui sur ce mur et tiré sur ses bras, comme accroché à une falaise dans le vide. Petit Aliocha a déjà ce réflexe de prendre appui sur le mur et de s'agripper avec ses petits bras, malgré la peur, les cris et les larmes. Mon petit Aliocha, physique et battant. Accroché à la vie !

Aujourd'hui, Aliocha court, tape dans le ballon comme un champion, danse, chante, son cœur, son foie et son côlon sont à leur place et son deuxième poumon est déployé, ouvert et épanoui, tout bien à sa place. Il dort mal, se réveille beaucoup la nuit, comme si… il veillait. Survivant et ne veut pas dormir.

« Ne dors pas, Maman, me demande-t-il parfois la nuit.

— Laisse-moi dormir l'enfant. Mon cœur veille. »

On parle de plus en plus du *burn out* maternel et de la nécessité de prendre soin des parents quand l'enfant paraît. « Quand Maman va, tout va », écrit la magnifique Hélène Bonhomme, fondatrice du site *Fabuleuses au foyer*, maman de quatre enfants dont des jumeaux. Elle soutient tellement de mères et de parents grâce à sa propre expérience du *burn out*. Cette philosophe protestante écrit chaque matin un mail avec pleins d'outils, d'incitations à la prise de conscience, de notes de lectures pour contribuer à un meilleur équilibre familial et de couple. Avec beaucoup d'humour et de vérités, elle ose partager sa propre expérience, sans tabou mais avec du charme, pour aider les autres parents.

La lire m'a beaucoup soutenue au début de mes maternités quand tu n'as le temps de rien faire, que tu es épuisée, que tu te découvres dragon, les cheveux gras parce que débordée et que tu pleures ta mère souvent, sans oser appeler à l'aide, car tu l'as voulu cet enfant, non ? Et tu as de la chance, car nombre de femmes n'en ont pas alors qu'elles aimeraient, donc ne te plains pas ! Ce qui est vrai, en effet… Prier la Vierge Marie, solliciter sa douceur, sa tendresse et son feu pour être et devenir à son exemple une mère qui ne hurle pas sur les autres, qui aime et fait les choses avec sérénité, au fur et à mesure et quand il le faut… Amen !

35

Être maman au quotidien

Être maman… Je choisis chaque matin de prendre le temps d'ouvrir les yeux sur le monde avec gratitude et joie. Et quand, tout à coup, voilà une série de nuits hachées et des journées les yeux lourds de sommeil, je me force à songer au chagrin que j'éprouvais quand je craignais ne jamais avoir d'enfants.

Désormais, sur ma « to do list », je note :

- Commencer chaque matin par remercier, tout offrir et prendre appui sur le Christ.

- Prendre des temps de qualité avec les enfants, même courts.

- Oser la frustration et le non très tôt.

- Quand l'émotion surgit chez l'enfant, l'accueillir, ne pas penser automatiquement que c'est un caprice.

- Garder du temps pour soi, en silence et seule.

- Activité physique OBLIGATOIRE.

- Demander de l'aide quand il y en a besoin.

- Accepter ma vulnérabilité et lutter contre mon perfectionnisme.

- Faire goûter aux enfants le beau, le silence, la qualité.

- Leur apprendre à contempler la nature (ou plutôt qu'ils m'apprennent à contempler la nature).

- Oser de temps en temps les laisser devant des dessins-animés ou manger des pizzas avec les doigts.

- Éviter le sucre (mais un peu quand même! Évitons la radicalité austère et usons aussi de la souplesse…).

Bon, ça, c'est l'idéal. En vrai, je me sens souvent « squattée » de partout! Je suis tout le temps sollicitée, je n'ai pas de temps pour moi. Je suis morcelée. Plus d'espace psychique pour penser par moi-même! Au secours!

Il y a encore des jours comme hier où j'ai hurlé sur mes gosses pour un rien et toute la journée… J'écris « gosses » comme j'écris « hurlé », pour bien faire sentir l'ambiance qui s'enflamme au quart de tour! J'entrevois encore ma fille de 4 ans et demi me toisant avec froideur alors que je viens de la gronder. Arrrrgh! J'ai l'impression par moments d'être vampirisée: je ne fais plus rien pour moi, je ne travaille plus, je sens bien que j'éduque mal. Que j'aime mal. Et je suis frustrée dans tout ce que j'accomplis et à cause de ce que je n'accomplis pas, par manque de temps. Enfin, ça, c'est ce que je me raconte car, quand je choisis de renoncer à être parfaite et à tout faire, je ne vis plus cette frustration mortifère, mais l'abandon et donc la libération.

Mais mon Dieu, que j'ai encore de progrès à faire pour vivre en confiance avec toi tout le temps, avec tendresse pour moi, pour les autres, dans ce que je fais, nourris-moi de ta tendresse et de ton rythme!

Chères mamans qui me lisez, n'oublions pas le masque d'oxygène dans l'avion! Comme les hôtesses à chignon et les stewards gominés nous le rappellent avec force geste: ce masque est d'abord à placer sur soi avant de vouloir sauver le monde et en premier son enfant assis juste à côté…

Quand on est parents, de multiples tâches sollicitent chaque jour le corps et le fatiguent, l'abîment parfois. Et en tout premier le sommeil, le nerf de la guerre, qui manque souvent. Pour rappel : la privation de sommeil a fait ses preuves comme outil de torture pendant les guerres ou de moyen de rétorsion pour de dangereux criminels. Alors ? Comment ramener de la vie et de la créativité dans toutes ces tâches quotidiennes qui incombent à ma responsabilité de maman ?

Il me faut rester vivante, à cet endroit. Il me faut des repas variés. Pour éviter la routine mortifère, je ne dois pas hésiter à changer de lieux, d'activités, de trajets. Je dois veiller à écouter de la musique et danser avec mon mari, à privilégier des temps rituels de lecture, de jeux en solitaire, de visionnage de films ensemble, de distribution et de partager de tâches ménagères… Bref, il s'agit de demeurer vivants et créatifs, même dans les répétitions, surtout dans les répétitions.

Et surtout, malgré la fatigue et les soucis, je ne peux pas abandonner mon couple. Alors, donnons-nous régulièrement rendez-vous ! Continuons à nous donner la main ! On le sait : en général, quand le couple va bien, les enfants vont bien.

36

La vie comme chemin d'initiation

Tout de mes expériences, succès et erreurs participe de ce qu'est devenue la femme que je suis aujourd'hui. Je vous écris mon témoignage sans fards avec une statue de la sainte Vierge sous les yeux et, dans le cœur, mon mari qui sieste à mon côté, une maison à moitié rangée, deux petits à nouveau sous Netflix. J'ai aussi un Carambar dans la bouche ; heureusement que je suis allée courir 3/4 d'heure ce matin en forêt… Bref, toute cette matière vivante et toutes ces ambivalences, tous ces équilibres à sans cesse réactiver m'enseignent et m'ouvrent vers, je l'espère, plus de disponibilité à l'Amour, à travers Lui et en Lui, par Lui et avec Lui.

Le chemin d'initiation auquel nous invite la vie, c'est la croix et toutes nos petites morts. Je parle de tous ces cycles de vie et de mort dont nous parlent toutes les traditions et sagesses du monde. Il semble qu'il faille accepter de mourir souvent pour ensuite renaître. Quitter l'ancien, le vieil homme, et renaître en Esprit : c'est un choix de tous les jours ! Les épreuves, les rites d'initiation dans toutes les traditions, sont à l'origine de la mission de vie de chacun, source de davantage de fécondité et de sens.

Ainsi, mes blessures de femme, ma famille chérie mais un peu bancale, mon manque de père, les chemins de traverse autour de la spiritualité, tout cet ensemble a fait de moi la femme et la thérapeute que je continue à construire aujourd'hui. Le cœur parfois transpercé – du coup plus ouvert –, j'essaie de porter sur ma vie un regard non binaire sur mes ombres et lumières, mais, pour tout accueillir, plus oriental et jungien. Dans ses travaux, le psychiatre suisse Carl Gustav Jung (1875-1961) ne sépare pas l'homme de sa part divine et de sa dimension naturellement spirituelle, il ne le réduit pas à un être névrosé ou psychotique et il rappelle la présence de polarités masculine et féminine en chacun de nous.

J'ai dû commencer par déterrer les morts et nettoyer la poussière sous le tapis, sinon on refoule et cela nous saute au visage, comme un boomerang. Et là, on va compenser, s'adapter, se sur-adapter, parfois porter des masques et puis, un jour, le symptôme ou les symptômes apparaissent… « Il ne s'agit pas de savoir si nous serons vivants après la mort, mais si nous serons vivants avant la mort », rappelle le prêtre suisse Maurice Zundel (1897-1975).

Le rapport à la nourriture, par exemple, est un sacré chemin d'initiation, une véritable éducation au beau, à la délicatesse, au bon, à la mesure, au plaisir, à la simplicité. Il s'agit de retrouver de la mesure et du lâcher-prise face à l'assiette comme dans la manière d'être en relation : à nous de prendre un chemin tout doux vers plus de lenteur et douceur vis-à-vis de soi-même et des autres. La boulimie est certes la maladie de notre époque : on se remplit, on gave, on s'agite, on se précipite vite et mal, on fuit nos déserts, nos silences, nos cœurs profonds, nos émotions, et c'est aussi une grande forme de violence et d'agressivité et de frustration vis-à-vis de soi et de l'autre. La société entière est une société de dépendants au bruit, au divertissement, à la fuite. Dans la première partie du XXe siècle, Georges Bernanos écrivait déjà : « On ne comprend absolument rien à la civilisation moderne si l'on n'admet pas tout d'abord qu'elle est une conspiration universelle contre toute espèce de vie intérieure. » Un grand sevrage serait bon et nécessaire. Soyons clairs : nous avons constamment le choix d'être dans la peur, la consommation et la rapidité ou bien de lui préférer la respiration profonde, le ralentissement, pour prendre le temps de savourer, de contempler et demeurer ouverts et tranquilles.

37
Comment éduquer avec aussi peu de repères ?

Moi, fille de divorcés avec un père bohème et assez absent, je n'ai pas vraiment de souvenirs où j'ai pu bénéficier d'un refus clair de la part de mon père. J'en ai peut-être entendu parfois de ma mère, mais pas beaucoup finalement. Je n'ai pas eu d'exemple et, moi-même, je n'ai pas le goût de ce genre d'autorité. Ainsi, je suis assez maladroite avec ces principes de cadre et de limites, avec la pratique de la fameuse frustration nécessaire pour grandir librement… Alors, humblement, j'apprends aux côtés de mon homme comment on fait : lui connaît et sait ce qu'est un cadre structurant pour se libérer de la dictature asservissante de l'envie pour faire prévaloir la volonté.

Ma pratique d'art-thérapeute complique parfois mon travail d'éducatrice auprès de mes enfants : j'aime explorer avec eux toute leur créativité, en les laissant vivre et ressentir ce qui les habite dans l'instant… Les couleurs et formes qui explosent dans une assiette, un bain moussant qui déborde, de la musique plein pot pour danser comme des fous… Oui, c'est une bonne chose de vivre la vie, mais ce n'est pas toujours ajusté, j'en conviens. Alors, manger la vie à pleines dents et explorer, oui, mais pas n'importe comment ni n'importe quoi.

Et puis, tout change tout le temps : faire dormir les nouveau-nés sur le ventre ou les laisser sur le dos ? Et pourquoi pas leur apprendre à dormir en faisant le poirier pendant qu'on y est ? C'est bon pour la circulation veineuse !

À l'heure de la « guerre » entre l'éducation positive et la psychanalyse, à l'heure des écrans H24, du porno à gogo et des changements de sexe des ados, à l'heure où on se fait traiter de facho quand on croit que la vie est plus forte que la mort et que l'âme existe, comment éduquer, donner des repères simples, des pieds, des racines, sans penser systématiquement que la tradition est trop raide ou trop « de droite » ? Comment dire qu'elle puisse être aussi source de beau et de sens pour un cœur ouvert, une tête qui sait réfléchir par soi-même, qui compare, discerne, sent, tranche parfois sans se laisser embarquer par la masse bien-pensante ? Éduquer reste un sacré défi.

Quant à l'éducation positive, je me souviens d'une maman qui la pratiquait avec application et qui disait : « Si vous voulez que vos enfants vous obéissent – enfin, “obéir”, je n'aime pas trop ce terme –, donc si vous voulez que vos enfants collaborent volontairement »… Hein !? « Collaborent vo-lon-tai-re-ment »… Hé ! Ça va bien la tête ? En quoi le mot « obéir » pose-t-il problème ? Quand je dis à mon gamin d'aller prendre son bain, il va le prendre et il ne discute pas ! C'est normal bon sang !

Et puis, il y a aussi des moments d'éducation qui appellent eux aussi rectitude et souplesse. L'autre jour, une maman me demandait comment aider son adolescent qui dit non à tout, s'enferme, a de mauvaises fréquentations, déserte toujours plus l'école et fume des joints.

Le soir, au théâtre, j'ai parlé de cette question des limites avec Mehdi Djaadi, mon ami comédien. Comme moi, les limites, il les a cherchées et transgressées adolescent et, plus tard, il a travaillé comme éducateur auprès d'autres adolescents rebelles.

Medhi me donne sa réponse qui tombe comme un couperet : il n'y a rien à faire à cet âge-là, quand tout est opposition, enfermement, contradiction, violence, transgression. Il faut simplement attendre que ça passe... Il est très rare de pouvoir intervenir et aider un jeune de cet âge à changer. Il est coincé dans des codes, dans un groupe, dans un besoin de s'affirmer en disant non, dans une excitation pulsionnelle de consommation rapide, changeante et abondante, dans un sentiment de toute-puissance, dans une mauvaise estime de lui-même, influencé par ses frères, ses pairs, la société, et quand bien même il quitte son environnement pour un séjour de rupture avec des animaux, de la philosophie ou du sport de haut niveau, il revient chez lui et, très souvent, retombe dans ses travers. Il « consomme » pour mieux supporter le vide abyssal de sa vie et aussi pour faire de l'argent rapide. J'ai été moi aussi un temps comme ce jeune, évidemment. Une part de moi d'ailleurs est encore comme ce jeune en mauvaise estime de lui-même qui a retourné la violence contre lui et qui à son tour tyrannise le monde.

Une part de mon éducation ne m'a pas non plus beaucoup aidée. Quand j'y songe, je vois bien que mon père a beaucoup manqué de confiance en lui. Et si moi j'ai manqué d'un père à la maison, lui, il a souffert du manque d'affection de la part de sa mère. Cela a donné un être très critique avec ses proches et qui n'était pas du genre très encourageant. Grandir dans ce cadre et avec une telle image de père, c'est un défi, je vous assure. On doit chercher et essayer de trouver un autre équilibre.

Avec le temps, par bonheur, on finit par se construire quand même, mais différemment. Oui, cette absence de père a eu et a encore une influence sur toute ma vie de femme. Et même si j'ai eu des super frères, ils ne restent que des frères. J'aime être avec des hommes, avec cette énergie du masculin, claire, sans détour, frontale, qui te permet de savoir sentir tout de suite si c'est oui ou non, où ça va, comment ça s'engage. Bref, clarté et efficacité, moi qui me perds souvent dans trop d'émotions, d'ambivalence et d'aller-retour.

Alors, évidemment, quand j'ai pu découvrir et goûter la paternité du Ciel, et le véritable Père, la source, qui vient te redresser, te confirmer, dans une grande tendresse et une grande délicatesse… quel bonheur !

38
Sensibilisation aux maladies psychiques

Après avoir décroché son diplôme de l'École normale supérieure, ma grande sœur chérie est devenue professeur de français et de latin. Puis elle a été nommée en région parisienne, à Mantes-la-Jolie, du côté du Val Fourré, un quartier très sensible avec des élèves plus que difficiles. Une sacrée épreuve pour cette jeune fille venue des beaux quartiers et d'un milieu favorisé. Elle en est tombée malade, suivant les pas de sa maman maniaco-dépressive. Elle a dû arrêter définitivement son métier.

Elle avait autour de 25 ans et, petit à petit, s'est mise à l'écart de la famille, doucement, mais sûrement. Cette époque a été très conflictuelle et douloureuse pour nous tous. Ma sœur aînée s'est tellement marginalisée qu'elle s'est retrouvée presque à la rue après avoir dépensé inconséquemment plus de 300 000 euros ; mon père était inquiet, c'était lui qui devait rembourser les crédits.

Quand vous travaillez comme art-thérapeute, vous voyez des personnes qui vont mal et vous faites du mieux que vous pouvez pour les aider. Là, avec ma propre sœur, je me suis sentie totalement impuissante. C'est donc à ce moment, alors qu'elle commençait à ressembler à une épave, quasi à la rue, que nous l'avons fait interner de force. Une décision douloureuse, mais qui l'a sauvée.

Avant cela, son traitement n'était pas ajusté. Et cela a duré pendant vingt ans ! Lors de son passage à l'hôpital pour la sauver, nous avons fini par changer de psychiatres. Ils ont bien réajusté son traitement et maintenant elle se porte beaucoup mieux. Elle n'est plus du tout dans le rejet. Elle ne fait plus de crise et elle a encore toute son intelligence, son humour aussi, sa mémoire riche de souvenir très précis du passé. Nous les évoquons souvent et elle est toujours aussi précise et imbattable sur les dates ! Voilà, j'ai retrouvé ma sœur !

Avec Anne, nous avons une passion commune pour l'Afrique. Elle s'est beaucoup intéressée à ce continent et a même pratiqué la danse africaine. À un moment, mon père, qui voulait la marier absolument, l'avait emmenée avec lui en Côte d'Ivoire où se tenait une compétition de golf avec de grands joueurs internationaux, beaux gosses, riches et blancs. Manque de chance pour lui, elle était tombée amoureuse de Zabho, un Ivoirien qui habitait dans un village d'à côté… Un jour, elle est revenue avec des tresses, habillée en boubou. Le mariage était prévu quelques mois après. Mon père était sidéré… Finalement le mariage n'a pas eu lieu et Anne est revenue en France.

Désormais, elle vit à Massy-Palaiseau dans un foyer que nous avons obtenu grâce à l'Office chrétien des handicapés. J'ai été bénévole plusieurs années à l'OCH et j'y ai gardé des contacts chaleureux. Ma sœur ne vit plus seule : avec d'autres personnes dans sa situation, ils habitent dans des petits studios autonomes et des bénévoles extérieurs passent de temps en temps voir si tout va bien. Nous espérons un jour lui retrouver un lieu à Paris, plus proche de nous, sa famille, mais une place pas isolée, avec du passage. Peu de lieux de ce type existent évidemment et les places restent chères.

39

S'engager dans le social

Quand je suis devenue art-thérapeute, je me suis spécialisée dans le monde éducatif et social et non pas clinique. Après quelques stages en psychiatrie, j'ai finalement choisi les jeunes et le social, les migrants et les prostituées. J'ai toujours eu dans le cœur, peut-être pour fuir ma propre intimité, le désir d'aller voir les mondes ailleurs, de me déplacer et d'ouvrir plus grand. De quitter mon milieu aussi.

À partir de 2008, fraîchement diplômée, j'ai choisi de travailler dans les quartiers Nord de Paris, auprès des jeunes déscolarisés dans les « antennes jeunes » et auprès de travailleurs migrants dans les foyers Sonacotra. J'étais avec mon association *Joue de tes maux* et l'association transculturelle *Raconte-nous ton histoire*. Nous nous déplacions dans ces espaces dédiés afin de créer des ateliers de danse et de théâtre pour écouter les personnes. Ils nous partageaient alors leurs histoires, leurs migrations en les incarnant dans des saynètes ou des pas de danse : ils pouvaient parfois dépasser ainsi leurs traumatismes, la souffrance et le silence qui en découlent, la sidération parfois, pour mieux se dire et mieux vivre après. Ces rencontres permettaient aussi de valoriser la richesse de l'interculturalité : toujours cette idée de prendre appui sur ses racines pour s'ouvrir à d'autres. Pour certains, ces ateliers ont contribué à ce qu'ils retrouvent confiance en eux, un emploi puis un logement. J'ai adoré cette époque où je me sentais utile et comblée.

Puis je me suis lassée de cette forme de misère si je puis dire, et surtout du langage et de la violence du verbe chez les jeunes que j'accompagnais. Les années passant, ce langage fleuri, le ton souvent agressif, la voix, le volume, les mots parfois, l'insolence, la violence, ont fini par me heurter à chaque instant comme des coups de poing. Je sentais en moi un grand désir de douceur, de respect et de silence.

Plus tard, avec l'association chrétienne *Aux captifs la libération*, nous avons effectué des maraudes dans le bois de Boulogne. Comme je l'ai dit brièvement plus haut, nous y retrouvions des femmes en situation de prostitution. Les conversations de ces femmes, dont certaines étaient des jeunes filles parfois esclaves ou enceintes, portaient sur leur quotidien. Pendant les massages ou des temps de danse, nos échanges sur leurs clients ou d'autres encore plus intimes sur leur parcours personnel, ont fini par m'atteindre. C'était trop lourd. J'ai alors choisi d'arrêter un moment cet engagement pour me concentrer sur mon foyer, mon couple et mes enfants.

Oui, pas de doute, c'est tout à fait louable et souhaitable de s'engager à l'extérieur, de ne pas rester au chaud dans un entre-soi confortable, mais là, à ce moment, j'avais vraiment besoin de me refaire. Je devais prendre le temps de réfléchir avant d'agir, de faire le tri dans cette charité qui se cherche, qui s'épuise, qui est peut-être une fuite de ma propre réalité, qui œuvre pour se nourrir de l'autre et non pas par véritable altruisme... J'ai compris qu'il fallait mettre cela au clair avant de repartir en mission quand les fondations internes et la conscience seraient plus stables et éclairées.

C'est à ce moment précis que je me suis installée à mon compte comme art-thérapeute. Cette fois, j'ai travaillé auprès de jeunes femmes bourgeoises chrétiennes dans le sillage de mes spectacles; *Je danserai pour toi* témoigne du fait que j'ai moi-même mouillé ma chemise et que je me suis formée aussi pour mieux me connaître et aller mieux. Comme je vais en reparler plus tard, ce public chrétien et plutôt bourgeois souffre aussi : par moments, il a aussi de grands besoins d'accompagnement psycho-corporel pour relire une éducation trop figée, des histoires transgénérationnelles d'inceste, des secrets de famille ou pour se défaire de certaines addictions, etc.

De mon côté, je demeure la même personne avec ma sensibilité et mes limites: le temps passé à écouter ces blessures, angoisses et peurs continue de m'affecter par moments. Mais désormais, j'ai beaucoup plus de ressources pour ne pas y penser la nuit et laisser glisser cette réalité une fois la séance terminée. À l'instar des religieux, j'offre ces échanges dans la prière.

Parfois, j'ai aussi besoin de partager avec mon mari ce que je vis au travail. Je ne nomme personne, confidentialité oblige! Et lui, si pudique et chaste, est souvent gêné de cet espace intime délivré. Alors, pour ne pas le charger à son tour, je partage ce qui est parfois trop lourd avec quelques collègues ou avec ma propre psy, en supervision.

40

Le Christ me comble encore

Beaucoup de femmes et d'hommes, même s'ils sont moins concernés, souffrent de troubles du comportement alimentaire. Le plus souvent, c'est une maladie qui se vit dans l'ombre, comme toutes les addictions. Les femmes qui savent que j'en ai moi aussi souffert et que j'en suis sortie me demandent souvent comment j'ai fait et ce qui m'a aidée à réconcilier ce rapport au corps et à la nourriture, et à l'autre aussi.

Sans hésiter, je dirais dans un premier temps : le Christ ! Avec la communion reçue à la messe. Je me souviens qu'à une certaine période de ma vie j'allais chaque jour recevoir l'eucharistie à l'église Saint-Gervais-Saint-Protais à Paris. J'ai vécu cette période comme un temps de reconfiguration de ma personne, comme un temps de réorganisation de ma mémoire cellulaire. Comme si la puissance de mon Créateur descendait vraiment dans mes entrailles, dans mon utérus. Une sensation physique. Comme s'il y avait quelque chose de fortifiant qui insufflait une lumière salvatrice.

Je sais que ce n'est pas d'ingurgiter de la nourriture plus que de raison qui me comble, mais c'est bien le Christ. Communier à l'eucharistie – manger le corps du Christ – m'a vraiment aidée à me sentir pleine, rassasiée et à soigner enfin, et guérir peu à peu, ces mauvaises habitudes alimentaires. Aujourd'hui, je reste prudente. Comme pour les drogués ou les alcooliques, il faut être vigilant : on reste toujours sur le fil du rasoir avec ce genre de problématiques. Alors, chaque jour que Dieu fait, il me faut veiller, ralentir, ne pas plonger dans mes émotions et aussi, parfois, oser des écarts et leur plaisir immédiat. Cela n'est pas grave de manger un paquet de Granola ! Et parfois cela me fait du bien et me console. Il faut vraiment accueillir ces « écarts » avec souplesse et éviter de rentrer de nouveau dans l'hyper contrôle de son alimentation, ce qu'on appelle l'anorexie. Une autre terrible prison !

Depuis que j'ai rencontré mon mari, je n'ai pas replongé dans cet enfer alimentaire. Devenir mère m'a aussi renforcée dans ce combat. Et puis, plus question de me faire vomir : c'est tellement violent pour le corps ! Moi qui ai accueilli la vie, qui suis devenue épouse et mère, mais femme surtout, je me sens appelée à trouver du plaisir dans la cuisine, à pratiquer plus souvent de l'exercice physique, à respirer davantage pour me sentir pleine de l'intérieur. Je me dois de prendre soin de mon être pour donner à chacun, pour être dans la constance, l'endurance, l'équilibre affectif et émotionnel.

D'expérience, je sais que se mettre en mouvement physiquement guérit et soigne la personne. Pour les chrétiens, la communion quotidienne permet aussi d'être dans le monde de manière plus contemplative, de vivre de la sagesse de ceux qui savent goûter, se nourrir et se réjouir de tout. Mon travail au jour le jour avec l'art-thérapie, l'écriture et l'interprétation de mes spectacles m'a transformée physiquement et émotionnellement.

J'ai joué avec moi comme avec de la pâte à modeler pour amener de la résilience et de la guérison. Je me suis engagée physiquement, j'ai fait un travail thérapeutique, j'ai prié. Tout cela pour mettre des mots, donner de la conscience et, du coup, éclairer mon histoire. Désormais, je masse des femmes parce que j'ai reçu beaucoup par ce biais quand c'est moi qui étais massée. Je trouve que cet acte renouvelle la mémoire du corps. Il donne une autre information au corps blessé. Et que c'est bon d'être renouvelée quand on s'est sentie abîmée.

41

Work in progress en souplesse

Parlant de l'écriture poétique, l'écrivain français Nicolas Boileau écrit dans son livre *L'Art poétique*, paru en 1674, ce célèbre quatrain :

> « Hâtez-vous lentement, et sans perdre courage,
> Vingt fois sur le métier remettez votre ouvrage,
> Polissez-le sans cesse, et le repolissez,
> Ajoutez quelquefois, et souvent effacez. »

Moi aussi, dans ma vie, je dois m'accrocher, me reprendre, créer… Ainsi, depuis toujours, je crois que je me lève attirée par le sucre de mon petit-déjeuner et le café, mon pseudo moteur. Oh, je peux devenir agressive si je n'ai pas ma dose ! En tout cas pas réveillée. Un petit esclavage… Mais comment commencer la journée en intériorité avant d'aller capter à l'extérieur ses besoins ? Alors, à l'instar de Boileau, je m'efforce certains matins de sortir de la routine et de me réinventer autrement.

Eh bien, ce matin, j'ai inventé, j'ai mis en scène mon petit-déjeuner et mon réveil, mais surtout ma disposition à l'intérieur pour voir autrement. Tout d'abord, j'ai exprimé de la gratitude pour ce plateau de petit-déjeuner pris assise sur une pierre devant la maison. Avec le soleil faisant le beau en face de moi : un partenaire de feu, avec les chiens comme compagnons, ce café si cher à mon cœur, deux tartines pas plus, du pain brun et tranché, du beurre salé et de la gelée de groseille, un kiwi quand même et un jus d'orange, certes trop sucré, mais délicieux.

Une partie de mon travail en art-thérapie est d'identifier tous ces petits attachements pour y mettre de la prise de conscience. Ensuite, j'invite chacun à s'y confronter en dépliant tout ce que cela lui évoque, en faisant dialoguer, associer librement, par la parole, le mouvement dansé, la danse, le dessin, l'écriture ou le jeu, jusqu'à ce que ça se transforme. Afin que les choses changent et évoluent.

Par exemple, pour ce matin : merci d'avoir pu m'asseoir 10 minutes, seule, et accompagnée par les chiens et ce spectacle de la nature. Merci aussi pour les enfants en bonne santé ! Veillons à prendre le temps de se poser et d'exprimer de la gratitude. Je travaille aussi à ce que cette intention s'incarne dans mes gestes : le ventre et la bouche relâchés, la mâchoire, tout mon visage, langue, palais, paupières se détendent, puis, d'un coup, je retiens l'inspiration sur le périnée, le ventre, l'anus. Physiquement, je sens bien le bas du sacrum et je maintiens ma colonne bien droite.

À ce moment, j'inspire profondément pour remercier, recevoir tout le bon, le beau, le nouveau, tout ce qui va régénérer mes cellules, mon corps, mon âme, mon cœur, dans l'instant et à chaque fois je respire plus attentivement, et j'expire l'ancien, le vieil homme en moi, tout ce dont je n'ai plus besoin et qui m'encombre. J'ouvre le regard à l'intérieur de moi et, tel un papillon, délie mes antennes en haut du crâne pour me relier à tous les saints, les anges et mes ancêtres. J'ouvre mon cœur : je demande au Christ d'être là devant, derrière, à gauche, à droite, en haut et sous mes pieds. La lumière partout et en tout.

Il est bon parfois de ne plus être dans le « ou/ou », mais dans le « et/et ». Je pense que cette troisième voie n'est pas celle des tièdes, mais plutôt celle de ceux qui ont intériorisé les images avec lesquelles ils se sont construits, les croyances, les valeurs, et qui se les sont appropriées. Cette voie alternative est celle de la personne qui a les yeux retournés à l'intérieur et qui, au même moment, a les yeux grands ouverts pour accueillir, écouter et surtout entendre l'autre et le monde. On se tient ainsi disponible à l'autre sans être pour autant à l'extérieur de soi dans l'espace de la rencontre, présent à soi et à l'autre, dans une intelligence plus vaste que celle du jugement, de la projection et de la comparaison. Dans le cœur, j'ai alors l'intention, le désir d'accueillir, avec compassion et amour, toutes les ombres et lumières des personnes.

Mais comment rester chaque jour droit et souple, comme notre colonne, créatifs avec le réel et le Ciel ? Je pense à cette jeune femme (devenue une amie, qui fait un excellent travail dans « L'Atelier de l'Enfant-Jésus ») arrivée très en retard pour assister à l'un de mes spectacles. Le guichetier joue son rôle et obéit à la règle : « Je n'ai plus le droit de vous faire entrer », lui dit-il. Et là, cette femme répond et réagit avec toutes sa spontanéité et son désir : « Je suis mère célibataire de neuf enfants ! Je ne suis pas allée au théâtre depuis des siècles, alors laissez-moi rentrer s'il vous plaît ! » Son cœur a été touché : il l'a laissée rentrer. Comment, dans ce cas précis, ne pas être souple avec la règle ? Cette femme est devenue une amie, et je suis fascinée par son courage, sa foi et son audace !

Je revois ce jour aussi où j'ai quitté mon cours de danse car l'appel de la communion au corps et au sang du Christ était plus fort ! J'ai traversé Paris à vélo et à toute vitesse pour cet office donné à 19 heures en semaine. Je me souviens être arrivée trop tard : la messe était dite. Toute haletante et suante, j'ai gagné la sacristie pour m'adresser à un frère moine. Il a su lire mon désir de communier et m'a invitée à l'office du soir, puis au déjeuner avec les autres frères et sœurs le lendemain. J'aime ces moments de création et d'ajustement quand chacun, et tous ensemble, on ajuste la règle à la situation, puisqu'on ne peut plus s'ajuster à ladite règle.

42
Accueillir l'autre et l'accompagner avec le théâtre et la danse

Par un étonnant concours de circonstances, alors que mon père se meurt, je joue à Montparnasse dans une comédie dramatique appelée *Electro-cardiodrame.* On y parle du géniteur de mon personnage en train de mourir à l'hôpital… Toute la fratrie est autour et l'on observe les relations avec ce père, dans leur couple et entre eux. Le ton de la pièce est le même que celui des pièces de Jean-Pierre Bacri et Agnès Jaoui, ambiance *Cuisine et dépendances.*

J'abandonne ce rôle une semaine avant la mort de mon vrai père alors que je suis à l'Institut Curie tous les jours à son chevet: j'étais trop triste pour continuer à faire rire une salle entière! Je ne remonterai sur scène que dix ans plus tard pour jouer *Je danserai pour toi* qui commence précisément à la naissance au Ciel de mon père. Ce spectacle, co-écrit par mon ami le comédien et auteur Jean Franco, a été joué une première fois dans une petite salle du 20e arrondissement, sur un magnifique plateau, devant les amis et la famille. Au départ, c'était juste pour le challenge et pour aller au bout du process. En fait, cela a été pour moi une véritable catharsis ! Ce fut, en effet, le moment et le lieu d'une grande créativité et fécondité, et même d'un engagement missionnaire pour témoigner du Christ.

Je joue ce spectacle depuis plus de sept ans, à Paris et en province, et cette création m'a transformée. Elle est née du travail que j'ai reçu pendant une année, lors de ma formation au Life Art Process où, pendant un an, j'ai revisité mon histoire, grâce à mes merveilleux professeurs devenus par la suite des amis : Marie Motais et Stephan Vernier, à qui je dois beaucoup en tant qu'art-thérapeute aujourd'hui. Cette formation utilise la danse, le théâtre, la voix, le dessin et l'écriture. À la fin de cette formation, j'ai dû pondre une séquence de dix minutes de performance-rituel qui sera le début de *Je danserai pour toi*. Au même moment, je suis tombée enceinte après trois années d'attente et d'espérance. Comme si le processus créatif était vivant et enclenché de toute part. Amen !

Certains me demandent parfois si cela ne me fait pas du mal de réchauffer ce passé douloureux, même en en riant. Je ne serai pas sur scène si cela réactivait des souvenirs personnels douloureux. Certes, je me sers par moments de certains souvenirs, comme un acteur qui se nourrit de sa mémoire sensorielle et de certains événements de sa vie pour créer, mais à aucun moment je ne me fais mal. En revanche, là où j'ai mal, c'est quand je joue devant des jeunes gens et que j'ai l'impression qu'ils sont vides en face ou bavards et passent à côté… Cela me frustre ! J'ai tellement envie de leur partager mon chaos mortifère d'adolescente et ma foi vivante d'aujourd'hui ! À d'autres moments, il y a des instants de grâce : un jeune vient me retrouver en solo après le spectacle pour me parler de lui, me partager son manque de foi ou au contraire sa foi, et me demander conseil.

Forte de ces expériences et de ces retours, depuis quinze ans je reçois en individuel et en groupe, des hommes et des femmes qui ont le désir de se mettre en mouvement avec toute leur histoire, leur présent, leur inconscient, tout leur être. Ils viennent me voir moi, et pas quelqu'un d'autre, sans doute parce qu'ils ont besoin de travailler sur eux autrement qu'en ne faisant que parler à leur thérapeute, assis ou allongé. Mes outils sont nombreux et je les utilise en fonction de ce que je perçois en face et de ce qui émerge lors de la séance : la parole toujours et la danse, les jeux de rôles et le psychodrame, la boxe, le dessin, l'écriture spontanée, le clown, le massage et de nombreuses techniques de relaxation type Vittoz, des visualisations, de la méditation pleine conscience, etc.

Je dirais aussi que l'essentiel, pour un thérapeute, au-delà de toutes les écoles de pensée, demeure l'écoute et l'accueil inconditionnel. Comme je t'écoute, entièrement, pleinement, comment je te rejoins, je me laisse être rejointe pour t'accompagner au plus près de ta réalité. Beaucoup de nos patients n'ont pas été pleinement accueillis enfants, étouffés avec parfois trop de lois ou trop d'amour, ou délaissés. Les blessures d'abandon, de rejet, d'humiliations sont fréquentes et ont tendance à se répéter dans les lignées. À mon avis, elles perdurent tant qu'un membre de la famille n'est pas allé s'occuper de cette blessure, afin de couper la transmission infernale de génération en génération.

L'accueil pour un thérapeute consiste à aller au-delà de ses réactions premières face à la gentillesse, la politesse, l'intelligence, la beauté de l'autre. Il se doit d'accueillir tout le monde ! Et si le patient vous agace, vous gêne, vous irrite, il faudra se demander pourquoi, se confronter à cette réalité et sans doute se faire soi-même aider.

Ensuite, place au travail réalisé avec le massage ou la danse qui permet de transformer la matière. À partir de l'histoire de la personne, je vais l'inviter à danser, non pas à illustrer la situation explorée, mais à l'incorporer, à la laisser être dans le corps, avec tout ce que ça lui fait dedans. Il s'agit de laisser se manifester ce qui l'habite, ce qu'il sait, connaît, maîtrise, ce qu'il sent, mais aussi ce qui lui échappe, ce qui peut surgir quand on laisse la place au corps, toute la place, à la mémoire si vaste…

Si je répète un geste, comme je répète les mêmes scénarios dans ma vie pendant des années parfois, je peux aussi, à un moment donné, faire autrement. Le mouvement, l'être, la vie en moi, ce principe plus grand qui soutient tout va prendre une autre direction. Il va puiser ailleurs pour proposer autre chose que nos répétitions mortifères. Mais pour cela, il faut en avoir la volonté et choisir de se mettre en mouvement. La prise de conscience ne suffit pas pour changer : il s'agit désormais de prendre du temps et d'accepter d'y mettre de l'énergie (parfois de l'argent) pour changer le cours des choses afin d'être un peu plus heureux, conscient et libre de son histoire.

Sous le regard de la foi, ce principe de vie qui soutient tout et qui peut nous transformer si on le laisse faire est le Christ. Fondement de tout être, de tout mouvement, de toute vie, Il peut nous transformer entièrement, nous relever, nous guérir, nous soigner, nous consoler, nous fortifier.

Pour parvenir à ce changement, un de mes outils essentiels et précieux est la danse des 5 rythmes. Je l'ai découverte il y a environ quinze ans et je l'ai beaucoup pratiquée avec de merveilleux professeurs dont certains ont fini par devenir des amis, tout spécialement Marc

Silvestre, qui m'a beaucoup aidé par la suite pour les danses du spectacle *Le fruit de nos entrailles*. La créatrice de cette danse est américaine et s'appelle Gabrielle Roth. Elle a créé un cadre avec 5 portes à traverser et 5 rythmes différents. Nous les portons tous en nous et nous les traversons dans nos journées et dans nos vies. Il s'agit de traverser cette vague avec ces 5 étapes clés et cela peut durer dix minutes comme deux heures. Cet exercice prend appui sur des listes de musiques, préparées par des professeurs, puisant tour à tour dans les registres du hip hop, de la techno, du lyrique, du jazz, du classique, de la musique sacrée… Elles s'enchaînent harmonieusement et viennent soutenir chaque rythme tour à tour. Dans ce cadre, chacun danse ensuite comme il veut. De manière spontanée, il s'explore, seul, à deux ou en groupe, selon les cinq rythmes : la fluidité, le staccato, le chaos, le lyrisme et la quiétude.

Dans le détail, le premier rythme invite à explorer la fluidité dans nos mouvements, le rond, le féminin, l'ancrage, la terre, le sol. Ensuite, le staccato représente le rythme du cœur et du feu, il explore le masculin en soi, les liens entre le bassin et le cœur, la clarté dans nos choix, nos décisions, nos directions, nos limites et nos frontières, nos oui et nos non. À son tour, le chaos est le rythme du haut de la vague qui nous permet de lâcher, de relâcher les tensions, la mâchoire, la tête, les épaules, bien ancrées et les yeux ouverts, le cœur clair aussi. C'est le moment de quitter le vieil homme et tout ce que j'ai appris, de choisir tout ce que je désire déconstruire. C'est le rythme de l'adolescence, de la sueur, des larmes, de l'eau. Le quatrième de ces rythmes est celui du lyrisme : après la vague, la plage blanche. Dans ce rythme, tout est possible : on peut être créateur, vivant, authentique, laisser jouer et danser tous les archétypes en soi, tous les rôles, toutes les facettes.

C'est le rythme de l'artiste qui vit en nous. Le dernier rythme qui boucle ce cycle est celui de la quiétude, de la contemplation, de la prière, de l'oraison, du calme en soi, de celui ou celle qui ose ralentir pour mieux goûter le monde et l'espace de la relation.

À la fin, une fois la vague de ces cinq rythmes traversée, le danseur se sent unifié, relâché, vivant. Cet outil, est une véritable médecine en soi pour unifier et pacifier notre personne corps-cœur-esprit.

J'ai en mémoire de nombreux moments où des personnes se sont senties libérées grâce à la danse. Comme cette femme qui, en dansant, s'était remémoré un abus sexuel. Elle avait dansé à partir d'un dessin où elle avait crayonné une prison barrée. Elle était en mesure de l'accueillir à ce moment de sa vie. Et son corps le lui a révélé ce jour-là. Une autre fois, j'animais une retraite dans un monastère avec trois jours de danse et de prière. Une femme est arrivée avec une grosse blessure d'abandon : elle était séparée de son mari, elle était mère de quatre enfants, elle avait un poste à responsabilité, mais elle avait perdu confiance en elle. Elle avait une mauvaise estime d'elle-même. Je lui ai proposé de traverser la pièce en dansant. Je l'ai invitée à se mouvoir librement dans l'espace en s'imaginant en train de porter une couronne sur la tête. Et, surtout, qu'elle prenne tout le temps pour traverser cet énorme espace pour avoir la sensation de sa dignité, de la force de sa colonne vertébrale. Je l'ai enfin invitée à imaginer qu'elle est regardée par le Seigneur si elle en a envie. Elle s'est effondrée en sanglots… C'était impossible pour elle. Au bout d'un moment, elle l'a fait. Elle en était heureuse. Elle se sentait mieux. Elle m'a dit qu'elle allait garder ce souvenir et, parfois dans son quotidien, s'imaginer ainsi couronnée pour redresser la tête et avancer.

Qu'il est parfois bon aussi parfois de pouvoir crier… Et à part en pleine nature ou dans sa voiture les fenêtres fermées, c'est rare de pouvoir le faire. Et pourtant ce serait tellement bienvenu pour tant d'entre nous.

Pour d'autres, je les invite tout simplement à se mettre en prière ou en méditation en fonction de leurs croyances, en se posant une main sur le ventre et l'autre sur le cœur. Être en contact avec son enveloppe charnelle, avec son rythme intérieur, avec sa structure physique, pour revenir à plus d'équilibre, à la vie qui nous a été donnée et qui coule naturellement dedans, nous berce et nous soutient. J'ai aimé aussi accompagner par la danse et le coaching les acteurs des films de mes amis les talentueux réalisateurs : Julien Abraham et Jimmy Laporal Trésor, lors des tournages de *La Cité Rose* puis *Raskals*. J'espère continuer ce travail de coaching d'acteurs par la danse, pour libérer l'acteur, l'aider à connecter plus facilement ses émotions, et créer du lien entre les acteurs avant le début du tournage.

43
Rencontre de femmes chrétiennes comme moi

Comme je l'écrivais plus haut, je reçois aujourd'hui en grande majorité des femmes de culture et d'éducation chrétiennes, qui ont la foi et la pratiquent. Elles se rendent à la messe, s'efforcent de prier et d'éduquer leurs enfants religieusement. Elles viennent me voir pour être accompagnées en art-thérapie, par la danse, le dessin et l'écriture, le jeu théâtral parfois et/ou pour être massées. Assez souvent, ces femmes ne sont pas très épanouies dans leur chair, dans leurs relations affectives et sexuelles. En général, elles semblent beaucoup trop dans le contrôle ou le sacrifice, et du coup en deviennent « bourreaux » un chouïa ou carrément « tyranniques » avec elles-mêmes et sans doute avec leurs familles. D'autres sont plutôt dans la posture de sauveuses et de victimes.

Ce sont des femmes clivées qui ont des grands désirs et des idéaux. Elles ont été façonnées par l'enseignement de l'Église, la virginité avant le mariage, la recherche de la chasteté, du don et de la joie dans le couple. Mais elles n'ont aucune connaissance d'elles-mêmes dans leur profondeur, dans leur désir profond. Elles ne s'autorisent pas à le vivre, à l'incarner. Leur désir est inconnu, disparu ou enfoui. Leur réflexion est rendue étroite par l'éducation et les « c'est comme ça, aimer », « il faut que ce soit comme ça, aimer », des injonctions qui les ont coupées d'elles-mêmes car acquises sans intériorisation, ni vrai choix.

« Je ne me connais pas moi-même », me disent-elles. Et pourtant elles servent l'Église. Elles se sont mises au service du corps mystique tout en demeurant à l'extérieur de leur propre corps. Elles ne savent pas qui elles sont vraiment ni ce qu'elles désirent. Elles ne se connaissent ni ne s'épousent entièrement dans leur profondeur et leur unité. Elles ne semblent pas unifiées pour certaines.

Alors qu'est-ce qu'on cherche ensemble ? À re-rentrer en contact avec elles-mêmes, délicatement. Avec la petite fille qu'elles étaient, avec tout ce qui est resté sur l'autre rive, congelé, parce qu'à ce moment-là ce n'était pas encore possible d'aller voir, de s'en occuper, d'écouter et soigner comme on se pose un baume sur le corps. Pour tout réunifier.

Pour que la jeune femme devenue davantage femme (on ne naît pas femme, on le devient) se vive pleinement unifiée, en contact avec elle-même, agissant et réagissant authentiquement et de manière ajustée, et non pas comme une enfant blessée ou coupée d'elle-même, ni comme une sauveuse, ni comme un bourreau !

Cela me fait songer à ce texte de Lisa Citore, si beau et si cher à mon cœur :

> « Si tu veux changer le monde, aime un homme… aime-le vraiment. Choisis celui dont l'âme appelle véritablement la tienne, celui qui te voit, et qui est suffisamment courageux pour avoir peur. Accepte sa

main et guide-le doucement vers le sang de ton cœur, où il peut sentir ta chaleur autour de lui et s'y reposer, et brûler toutes ses lourdes charges dans tes flammes. Regarde-le dans les yeux, regarde au plus profond de lui, et vois ce qui s'y trouve, endormi ou éveillé, ou timide ou impatient. Regarde-le dans les yeux et vois ses pères et grands-pères et toutes les guerres et autres folies que leurs esprits ont combattues dans des contrées lointaines il y a longtemps. Regarde leurs souffrances et leurs luttes, leurs tourments et leur culpabilité ; sans jugement. Et laisse cela partir. Ressens son fardeau ancestral, et comprends que ce qu'il recherche en toi c'est un refuge sûr. Laisse-le se fondre dans ton regard stable, et sache que tu n'as pas besoin d'être le miroir de cette rage, parce que tu as un utérus, une porte douce et profonde qui soigne et purifie les vieilles blessures.

Si tu veux changer le monde, aime un homme… aime-le vraiment. Assieds-toi devant lui dans toute ta majesté de femme, dans le souffle de ta vulnérabilité, en jouant l'innocence enfantine, dans les profondeurs de ton invitation à une mort florissante, te soumettant avec tendresse pour permettre à sa puissance d'homme de faire un pas vers toi… et nagez ensemble dans l'utérus de la Terre, dans un silence entendu. Et quand il se retire… car il se retirera… fuyant par peur dans sa caverne… rassemble les Grands-mères autour de toi, enveloppe-toi de leur sagesse, entends leurs doux murmures, apaise ton cœur de petite fille apeurée qui t'immobilise… et attends patiemment son retour. Assieds-toi et chante près de sa porte le chant du souvenir, pour qu'il soit encore une fois rassuré.

Si tu veux changer le monde, aime un homme... aime-le vraiment. N'amadoue pas le petit garçon avec des ruses et des tours, de la séduction et des pièges pour le leurrer vers une toile destructrice, vers un lieu de chaos et de haine plus terrible encore que toutes les guerres combattues par ses frères. Ce ne serait pas Féminin, ce serait une revanche, ce serait le poison de l'abus des époques, le viol de notre monde. Et cela ne donne aucun pouvoir à la femme, elle se diminue en le castrant. Et elle nous tue tous. Et que sa mère l'ait soutenu ou pas, montre-lui la vraie Mère, tiens-le maintenant et guide-le dans ta grâce et tes profondeurs brumeuses jusqu'au centre de la Terre. Ne le punis pas parce que ses blessures ne correspondent pas à tes besoins ou à tes critères. Pleure pour lui de douces rivières, et ramène tout à la maison avec ton sang.

Si tu veux changer le monde, aime un homme... aime-le vraiment. Aime-le suffisamment pour être nue et libre, aime-le suffisamment pour ouvrir ton corps et ton esprit au cycle de naissance et de mort. Et remercie-le pour l'opportunité de danser ensemble dans les tempêtes qui font rage et les bois silencieux. Sois assez courageuse pour être fragile, et laisse-le s'abreuver aux pétales doux et capiteux de ton être. Fais-lui savoir qu'il peut te tenir, et se lever pour te protéger. Tombe en arrière dans ses bras et fais-lui confiance pour te rattraper, même si on t'a déjà laissée tomber des milliers de fois avant. Apprends-lui à se rendre en te rendant toi-même, et fusionnez dans le doux néant du cœur de ce monde.

Si tu veux changer le monde, aime un homme... aime-le vraiment. Encourage-le, nourris-le, autorise-le, entends-le, tiens-le, guéris-le. Et à ton

> tour tu seras nourrie, soutenue et protégée par ses bras forts, ses pensées limpides et ses flèches affûtées. Car il peut, si tu le lui permets, être tout ce dont tu rêves. Si tu veux aimer un homme, aime-toi, aime ton père, aime ton frère, aime ton fils, aime ton ancien partenaire ; du premier garçon que tu as embrassé au dernier pour lequel tu as pleuré, remercie pour les dons, des débris dans lesquels tu te trouvais jusqu'à la rencontre avec celui qui se tient devant toi maintenant. »

Les femmes que j'accueille dans mes groupes ou en individuel, sont courageuses. Elles ont le désir profond de re-trouver cet élan créateur, ce flux d'énergie qui circule en chacune et fluidifie tout, avant que l'*ego* serré ou la petite histoire et, de manière plus ontologique, le péché originel, ne viennent tout cliver et morceler. Elles viennent pour explorer leurs blessures, leurs émotions inexprimées qui sont à l'origine de symptômes, de répétitions, d'addictions, et les transformer à l'aide de la danse et de l'expression des émotions, de la parole, de l'écriture et du dessin. Elles viennent parce que, souvent, leur éducation ne les a pas autorisées à plonger physiquement dans leurs entrailles, à se connecter à leur sexe, à retrouver l'unité de leurs corps-cœur-esprit. Elles viennent bouger avec tout ça. Elles viennent aussi oser le massage. Pour certaines d'entre elles, c'est la première fois ! On ne se fait pas masser madame ! C'est un luxe narcissique réservé au new age, selon les préjugés de nombre d'entre elles. Alors que, dans d'autres cultures, chaque semaine on est massée, car c'est naturel, bon pour la santé, nécessaire même et peu onéreux.

44
Sensibiliser aux abus psychologiques et sexuels

Je rédige cet ouvrage alors qu'au même moment de nombreuses personnes témoignent d'abus spirituels et sexuels qu'ils ont subi dans le monde laïque, mais aussi dans l'Église, par des gens d'Église. Ce n'est pas nouveau hélas ! mais la vague d'informations négatives et révoltantes déferle et finit par rejeter beaucoup de chrétiens loin des pieds du Christ.

Cette période qui blesse l'amour m'invite à plonger davantage dans mes profondeurs, dans les recoins de ma vie, de mon corps-cœur qui est encore et encore à évangéliser. On pourrait prendre cette longue crise comme une occasion d'ouvrir grands les yeux et les oreilles sur la réalité : notre humanité a besoin d'être sauvée. À chacun, avec courage, de sortir les antennes de notre cœur et de continuer à scanner dans les recoins de nos âmes et de laisser la lumière du Christ y entrer.

Car ce dont je suis sûre dans mes tripes, c'est que, oui, « Tu aimeras ton Dieu de tout ton cœur, de toute ton âme » (Matthieu 22,37), mais si je ne m'aime pas, si je ne fais pas ce travail d'apprendre à m'aimer, alors je serai coupée de Dieu, tout du moins d'une relation intime avec lui. Je dois oser cette intimité avec moi pour oser vivre ensuite cette intimité avec lui.

Il paraît incontournable de se connaître intérieurement et d'avoir des clés de discernement quand je suis face à l'autre. Car à tout moment de la journée, je peux être moi aussi dans l'abus. On peut abuser de l'autre sans s'en rendre compte parfois. Il s'agit en général de manipuler l'autre, de le considérer comme un objet et non un sujet, de s'en servir afin qu'il me soit utile pour mon *ego*. Dans certains cas, cette (non)relation à l'autre permet d'assouvir mon besoin de dominer en faisant preuve d'une autorité mal orientée, voire tyrannique.

Ce sujet de l'abus d'autorité et de l'abus sexuel me touche en tant que femme, maman, chrétienne, mais aussi sans doute car je l'ai vécue personnellement. C'est si facile d'abuser d'une personne en pleine construction identitaire, d'estime de soi. Je me souviens de la sensation de coup au cœur que j'ai éprouvée le jour où nous apprenions que Jean Vanier, cet homme lumineux, tout intérieur et plein de tendresse, cet homme de terrain et de prière, fut accusé d'avoir « protégé » son maître Thomas Philippe, un prêtre lui-même accusé d'abus spirituels et sexuels. On a aussi prouvé que Jean Vanier, fondateur des communautés de l'Arche, a exercé une emprise sur des femmes – non handicapées – avec lesquelles il avait des relations sexuelles. Depuis ce moment, tant de noms d'hommes médiatisés de cinéma, sportifs, télés, écolos, politiques et hommes d'Église sont sortis dans la presse…

Je pense alors que l'urgence est d'éduquer mes enfants à penser par eux-mêmes, à s'aimer suffisamment pour oser le chemin de l'humain. Un chemin qui exige de se remonter les manches pour diviniser la partie animale et sauvage en soi, pour y déposer de la raison, de la sagesse, d'accepter de mourir à soi. Sans pour autant devenir des agneaux : ils doivent savoir discerner le danger de l'autre en face, celui qui n'a pas fait ce travail sur soi, celui qui n'est pas allé à la rencontre de ses ombres. Nous devons éduquer nos enfants à connaître leurs désirs profonds aussi et, si besoin, à les ajuster à l'environnement, à ce qui est possible, pour ne pas vivre ou crever frustré. Préparer sa terre pour une vie intérieure vivante quotidienne réceptive, pour une vie en abondance qui connaît la source de son désir.

Je rêve d'un baume qui permettrait de ne pas répéter, de génération en génération, la violence de celui qui ne sait pas que l'autre n'est pas objet, mais bien sujet. Je demande de l'huile et de la miséricorde, du soin et de l'incarnation, de la connaissance de soi et de ses émotions !

Quelques années en arrière, j'assiste au Congrès Mission à Paris. Pour une fois, je mets mon réveil, prends une baby-sitter et me sens très déterminée pour vivre ce temps avec mes frères et sœurs chrétiens. Le titre de la table ronde à laquelle je me suis inscrite est le suivant : « Comment évangéliser quand l'Église porte le maillot de la honte ». Ils n'ont pas peur à ce congrès, ils prennent les gros sujets à pleines mains, de face, sans peur. Alors j'écoute, j'acquiesce de la tête et je bous parfois… Notamment quand une femme catho à l'allure impeccable prend la parole pour dire que c'est aux femmes de ne pas être trop désirables, quand elles vont rencontrer des prêtres. À ce moment, Philippine de Saint Pierre, directrice de KTO Télévision, réagit sur-le-champ pour rappeler que c'est aussi aux hommes et aux femmes de gérer leurs pulsions ! Ces hommes et ces femmes, d'Église et d'ailleurs, ont-ils été éduqués pour aimer et connaître leur sexualité, leurs désirs, leur masculin et leur féminin autant que le reste ? « Celui qui ne se connaît pas est un danger pour l'autre », écrit Christiane Singer.

45

Témoigner sur scène

J'écris parce que je suis fascinée par ce saut dans le grand silence de la foi chrétienne. La danse est au cœur de mes spectacles car, mieux que les mots, elle illustre et incarne ces chemins de l'âme dans ce qu'ils ont de plus intime et de plus universel, parce que la religion chrétienne est une religion du corps, et que j'ai foi en le fait que le Christ lui-même a dansé ! L'humanité et l'universalité des trois spectacles joués jusqu'à ce jour touchent un public de croyants autant que de non-croyants. Je crois que la danse, les gestes et les mots sont un langage tant pour les femmes que les hommes, les célibataires que les couples. Ainsi, j'ai raconté une partie de mon aventure spirituelle dans un spectacle intitulé *Je danserai pour toi*. Un seul-en-scène qui narre la vie de Louison, jeune Parisienne un peu bohème et complètement athée, bien dans son époque, que le choc du décès de son père va réveiller. Sa soif de vérité la fait partir sur la grande quête du sens de la vie. Elle va expérimenter plusieurs formes de découvertes spirituelles avant de découvrir le Christ de façon inattendue. Se retirer du monde en devenant moniale et renoncer à la danse ? Ou trouver par la danse dans le monde une voie d'unité possible entre les appels qu'elle ressent en elle ?

À la demande de spectateurs et sur les conseils d'un prêtre, j'ai entrepris de raconter la suite des aventures de Louison dans *Le fruit de nos entrailles* avec mes amis, les talentueux acteurs Fitzgerald Berthon puis Mehdi Djaadi, qui ont aussi de très beaux seuls en scène : *Dans 5 heures* sur Jacques Fesch et Charles de Foucault pour Fitz, et *Coming out* pour Mehdi. Cette fois, le spectateur suit les hauts et les bas de la vie de couple de Louison et Max. Et quand l'enfant arrive, que la routine quotidienne s'installe, ils doivent trouver les moyens de conserver la grâce, l'attention à l'autre, le souffle de l'amour. Une pièce qui ne cherche pas à faire de morale, mais qui, toujours avec humour et poésie, pose la question de la fidélité à la promesse initiale, sans cynisme, mais comme une claque.

À une époque où la liberté semble être de pouvoir changer de tout, tout le temps et quand je veux, en quoi se maintenir et s'engager dans la vie de couple peut être à la source d'une grande liberté ? Et si la quête de cette autre liberté, plus profonde, plus sereine, plus alignée avec la fine pointe de son être, s'expérimentait en considérant l'autre comme le chemin de son accomplissement ? Et s'il fallait pour y parvenir, accueillir dans son couple une troisième personne, une altérité transcendante ? Et si la porte était l'union des corps, avec le don et la délicatesse, comme source de joie ?

En observant ma vie amoureuse de jeune fille, celle de mes parents et de beaucoup de leurs contemporains, je constate trop souvent un zapping affectif, une dictature du désir. Comme si l'autre n'était qu'un objet pour répondre à mes besoins et combler mes vides. Bouleversée par les choix radicaux de personnes proches qui ont choisi la voie monastique, alors moi-même en recherche de davantage de relation à Dieu et de silence dans une vie quotidienne bien chargée, je me suis interrogée : le couple permet-il de vivre une vie en Dieu et de devenir des saints modernes ? J'ai eu la surprise de découvrir la théologie du corps de Jean-Paul II. Il s'agit de propos qui ne sont absolument pas moralistes : ils sont plutôt inattendus et même révolutionnaires. On y lit qu'avoir du plaisir, faire l'amour, jouir, sont des actes bons, saints et sacrés puisque vécus par la chair, la chair livrée. L'amour de deux personnes mène à Dieu !

Après *Je danserai pour toi* et *Le fruit de nos entrailles*, j'ai écrit et joué la pièce *Faire corps* où je laisse entendre la parole de dizaines de religieux qui témoignent de leur rapport au corps, au désir, à la sexualité et aux émotions. À l'heure où la société et l'Église blessent la sexualité avec tant d'abus renouvelés, dans un monde où l'homme spirituel est coupé de ses racines charnelles, et où l'homme charnel est coupé de ses racines spirituelles, ce seul-en-scène contemporain, invite à réconcilier le masculin et le féminin en soi, l'Orient et l'Occident, l'enfant intérieur blessé et l'adulte conscient, l'ombre et la lumière, et à tout assumer.

Ce spectacle est né de mon amitié avec un carme qui me confiait souvent ses souffrances en matière de connaissance de soi, ses douleurs chroniques, son excès de travail intellectuel et sa mauvaise « gestion » de ses émotions. Il est né aussi de mon travail auprès des coaches de Talentheo, dont je parlerai plus tard, qui accompagnent les membres de certaines communautés religieuses voulant mieux connaître leur corps, leur vie affective et émotionnelle. Et enfin, il est né aussi d'une conférence donnée au Collège des Bernardins, auprès de futurs prêtres. J'ai pu y percevoir leur soif de se connaître davantage pour mieux accompagner l'autre et leur désir d'explorer plus profondément toute la question du monde féminin en soi avec les émotions, l'intuition, l'inconscient, le refoulé.

En écoutant ces hommes et ces femmes, j'ai co-construit cette nouvelle création avec vérité, humour et bienveillance, je l'espère. Étonnamment, en avançant sur ce chemin de quête d'unité corps-âme des religieux, j'ai constaté qu'elle faisait écho à ma propre intimité et à mon désir de creuser cette question du féminin, de cette connaissance et amitié en soi, de cette réconciliation entre l'enfant blessé et la femme, de la question de la sexualité et de la liberté intérieure.

Pour ce nouveau spectacle, je dois confesser que c'est encore tremblante que j'arrive sur scène, même si j'ai le feu en moi. Je suis consciente que le chemin est long, les blessures profondes et qu'une heure pour partager ces expériences et aspirations vers plus d'unité et d'harmonie reste limitée. Cette nouvelle création *Faire corps* hérite dans l'équipe, outre Florence Savignat et Jean Franco, les complices fidèles, du regard artistique du talentueux directeur artistique, producteur de rap et thérapeute Angelo Foley, et de la voix du grand acteur Thibault de Montalembert, bien connu du grand public pour son rôle dans la série *Dix pour cent* sur les agents de cinéma.

46

Talentheo au service des religieux

Depuis trois ans, j'ai la chance de participer, avec ma casquette d'art-thérapeute, à l'aventure de Talentheo, un groupe de coaches au service des religieux, prêtres, moines, et religieuses, moniales et prieurs responsables de communautés. Talentheo existe et œuvre grâce à mes chers amis, Béatrice, (avec qui j'ai aussi la chance de participer à son œuvre : les retraites « Cœur de femmes »), Olivier son époux et Béatrix, et je leur rends grâce ici pour tout ce qu'ils font à la fois de bon pour l'Église et de tellement utile et bénéfique, leur vision et leur audace respectueuse, et pour qui ils sont. Le but de ce groupe est de les aider à gouverner dans leur ministère, à se connaître davantage, psychiquement et émotionnellement, à connaître davantage les mécanismes et besoins du fonctionnement humain, pour moins souffrir en communauté, ou moins subir, pour être plus ajustés dans la relation, pour prendre les bonnes décisions et accompagner, sans abus spirituel. On leur donne des outils pour pouvoir aussi discerner quand il y a abus ou abus potentiel, spirituel et sexuel.

J'interviens aussi dans une session Talentheo pour femmes consacrées et religieuses autour de leur féminin, l'image qu'elles en ont, comment elles se vivent femmes, ou bien justement comment elles nient leur corps et leur être femme, coupées d'elles-mêmes ou dans un masculin trop fort qui a pris le dessus, pour gérer, survivre, faire avec, gouverner, dans un style parfois dur, froid et acéré.

Pendant une journée, nous vivons ensemble des exercices de relaxation, visualisation, sophrologie, pour se contacter physiquement, se détendre profondément, mieux habiter son corps en conscience. Par exemple, assise sur une chaise, je peux les guider par ma voix, en faisant un mini scan du corps, pour détendre davantage et observer ce qui reste tenu, contenu, étriqué, dans le corps, en tâchant d'y déposer davantage de souplesse. Comme si le simple fait de poser une intention et une attention, dans une partie du corps, qu'il s'agisse d'un genou, d'une épaule ou d'une main, pouvait faire que cette partie s'ouvre et se détende, en rendant tout son poids vers la gravité du sol et de la chaise.

Puis nous pouvons imaginer des couleurs, des cercles de couleur chaude et vive – oranger, jaune, ou rouge –, puis des endroits clés du corps, pour y remettre de la vie à nouveau, de la vitalité, de la conscience et ne pas faire comme si ça n'existait pas. Par exemple, de nombreux Occidentaux ont mal en bas du dos. Visualiser, habiter cette place, au pied de la colonne au niveau du sacrum, de rouge, l'imaginer tenue et souple, permet de ne pas déserter le centre du corps, cet endroit créatif et vital, de feu, de libido, de sexualité et de créativité.

La plupart des femmes ne connaissent pas leur vagin et se vivent comme s'il n'existait pas ou qu'il n'était pas important, ou que cette zone – périnée, vagin, utérus – était honteuse, sale et à cacher. Elles le connaissent d'autant moins si elles n'ont pas de vie sexuelle et sensuelle ou si elles n'ont pas accouché. Il est pourtant bon et essentiel de se connaître entièrement et d'habiter tout son être, de percevoir son corps comme temple de l'Esprit, même sans vie amoureuse ou de maternité biologique. Habiter le centre de notre corps, homme et femme, permet d'habiter le lieu de notre créativité et de cette puissance de vie, sans en être esclave ou la nier, juste être là entièrement et à sa juste place avec tout son potentiel créateur, vivant.

Enfin, après ce temps de relaxation et de visualisation, nous dansons en imitant la vague des cinq rythmes pour remettre de la vitalité et du mouvement, et libérer dans le mouvement les émotions qui nous habitent et nous enserrent parfois. Puis nous vivons des temps d'improvisation avec le théâtre et des situations qu'ils vivent en communauté, qui sont douloureuses ou posent question, ou peuvent être transformées. Puis vient le temps du travail plus individuel avec le dessin. Quelle chance de pouvoir ainsi donner des clés et voir des corps mieux respirer et bouger ! Merci mon Dieu !

47

À toi qui souffres

Laisse monter, écoute le rythme à l'intérieur, comme si c'était de la sève. Pars de ta fatigue, pars de tes pieds, écoute, ne force rien : la danse ne vient pas de contraintes extérieures. Prends appui, respire et déploie ton geste, va jusqu'au bout, propose, engage une intention et développe, ne quitte pas trop vite, installe-toi, répète et amplifie : ça va se transformer tout seul, ça va aller ailleurs, sur l'autre rive, ça va se faire tout seul, ne force rien. Si tu es en difficulté, si tu t'ennuies, si tu as peur d'ennuyer, reste, creuse et transforme. Tire un autre fil, pars du tout petit : du genoux, du coude, de tes paupières et développe, détends, étire, amplifie, pars du tout-petit et amène de l'ampleur, ouvre le cœur, ouvre ta cage thoracique, ta colonne, souple et droite, je devrais t'entendre respirer si ton mouvement est fluide et naturel, dégage le bas du dos, apporte de la souplesse, du confort, habite le centre de ton corps, c'est ta base, ta structure, emmène tes jambes en voyage, engage-toi dans l'espace, voyage, voyage, épouse le sol, pose tes pieds, écoute-les, écoute ce qu'ils ont à te dire… Tes pieds, tes mains. Merci Seigneur de toute cette vie en moi qui circule. Merci d'être corps, Seigneur.

Je crois que plus la personne humaine connaît et habite son corps physique, ses organes, ses rythmes, ses désirs, plus elle est libre et plus elle peut aimer et servir, dans une posture ajustée à soi, à l'autre, au monde et à Dieu. Dans un mouvement qui épouse tout : soi, notre maison-terre-corps, la terre création et la relation aux autres. Être coupé du sol, clivé dans son corps, de son sexe, de son centre empêche ou blesse cet enracinement en soi, dans sa nature profonde, et en Dieu. Couler en soi, couler en Dieu, s'inscrire ou se réinscrire dans le rythme des saisons dans une connaissance profonde de soi et de la création. De notre nature profonde, originelle, animale, en profonde alliance avec la nature et en Dieu. Les anciens, les sages, l'Orient, les peuples premiers, tous nous l'enseignent. Nous, ici, en Occident, on s'est coupés, en deux et à l'extérieur de soi. Revenir chez moi, dans ma maison, mon utérus si je suis femme. Revenir, habiter, demeurer, et prier. Merci pour ce corps Seigneur.

Conclusion

À l'heure où je termine ce livre, je me souviens… Dans la campagne périgourdine où nous vivons depuis deux ans, je suis au volant de ma voiture sur une petite route d'où rayonnent les rangées de vignes. Quel spectacle magnifique! Le volume poussé au maximum, j'écoute la cantatrice Cécilia Bartoli. Et là, je me dis: « Je suis comblée, entièrement comblée: je peux désormais mourir. » Évidemment, je me ressaisis aussitôt: mes enfants sont trop petits et j'imagine avec douleur la solitude de mon homme. Mais à ce moment précis, je goûte une paix profonde: je rends grâce, je me sens bénie de Dieu, les pieds bien sur Terre, avec le sentiment plein de gratitude d'avoir beaucoup reçu.

Ce matin, mon mari m'a envoyé le lien d'un podcast à écouter en voiture. Un prêtre y témoigne de sa conversion profonde après quinze années de sacerdoce. Il parle de la joie véritable qui remplit et finit par tout emplir. Une joie qui a un prix: celui de dire oui sans condition. Il poursuit son propos en insistant sur la nécessité d'arrêter de vouloir tout contrôler, mais invite plutôt chacun à chercher à s'abandonner à plus grand, plus beau, plus haut, plus profond, plus puissant que soi, infiniment et inconditionnellement; « pourvu que ta volonté se fasse, Seigneur, et non la mienne ». Il rappelle enfin à quel point l'eucharistie est comme du charbon brûlant et pourtant, dès la fin de l'office et la sortie de l'église, nous en éteignons les braises et les flammèches rubescentes de l'Esprit Saint en cherchant à reprendre le contrôle total sur tout…

Je m'unis à ce chant orthodoxe psalmodié lors de la communion : « Nous qui, dans ce mystère, représentons les chérubins, et chantons l'hymne trois fois sainte à la vivifiante Trinité. Déposons tous les soucis du monde. »

Ma vie a changé. Quel soulagement immense de tout faire, choisir, désormais en union à Dieu. Avant d'organiser, trancher ou entreprendre, j'écoute si c'est Sa volonté et non la mienne. En Lui offrant tout, tu n'as plus à tout contrôler ni à organiser ta vie par toi-même. Tu dois aussi t'efforcer de couper court quand tu imagines de trop, ressasses, paresses, te figes, stagnes, restes accrochée dans le passé. Si tu es trop à l'affût de toutes tes petites émotions : coupe court ! Ne laisse pas tout cet ego prendre trop d'espace. À la place, dit le grand oui à la vie de la personne qui n'a pas peur de Le suivre et de marcher sur l'eau ! Oui, libère-toi et écoute plus profondément la Source et ensuite agis !

Le temps a passé et l'écriture de ce livre a réveillé en moi le désir de retourner travailler avec les jeunes. Ces adolescents qui ne se connaissent pas : ils vivent tout le temps à l'extérieur d'eux-mêmes et n'ont pas accès à leur véritable désir profond. Ils subissent plutôt leurs pulsions immédiates et désordonnées. Oui, j'ai envie de participer à ce gros chantier afin de préparer la terre intérieure de ces jeunes, de les inviter à recevoir en eux beaucoup plus grand qu'eux… Je ne veux pas rester au plan du discours mais bien descendre sur le terrain et témoigner. Je songe à cette magnifique intention de mère Marie Skobtsov dans *Le sacrement du frère* (Cerf, 2001) : « Je ne veux pas être un souvenir pour vous, mais je serai un appel. »

Femme, épouse, artiste et mère, je finis cette conclusion comme j'ai commencé ce livre : entre deux portes, deux activités, vie professionnelle, vie personnelle, art et thérapie, bref ça tire de partout ! J'accueille ces mouvements et ce réel – la vie quoi ! – et tâche en même temps d'alléger mon programme et de rester unifiée.

Je demande pardon ici à mon mari et à mes enfants, à mes amis et mes collègues pour toutes les fois où je suis indisponible, absente, engagée dans les différentes aventures de ma vie.

Je sais bien que la conversion est l'histoire de toute une vie mais je sens combien la mienne, tout comme celle de notre époque, sera charnelle ou ne sera pas. Jésus est présent dans tout. Il est mon souffle en tout et partout : mélange unique de lumière et de sobriété, de beauté et de sacré, soucieux du respect dans le rapport au corps, à la terre, à la nourriture, aux réseaux…

Et que dire de la féminité ? La foi chrétienne est révolutionnaire sur ce point. Marie-Madeleine ? Le premier apôtre témoin de la résurrection ! Marie ? La Mère de Dieu ! Elle est la porte vers le fils de Dieu, vers Dieu et le Salut ! Et que dire de toutes ces femmes saintes et mystiques dont certaines sont même reconnues comme docteurs de l'Église !

Pour autant, si on regarde l'Église aujourd'hui comme une entreprise – c'est à mon avis une grande erreur qui nous coupe de la source et ne nous met que dans le faire et dans la mission, guère dans la contemplation – je trouve qu'il y a peu de femmes chrétiennes épanouies, pleinement femmes, visibles et audibles. Pourquoi ? À vrai dire, je ne sais pas. Mais laissons davantage de place à la féminité. N'ayons pas peur des femmes d'Église et dans… l'Église !

« Ce qui nous manque le plus cruellement aujourd'hui c'est la qualité du féminin. Si nous n'y prenons garde, la religion va devenir une machine à raisonner droit. L'Église a raté sa chance de rester femme : fervente, accueillante, féconde. Elle a raté sa vocation d'Épouse du Christ. Le Cantique des Cantiques, tu l'as lu en prophète, Bernard de Clairvaux, moi je l'ai lu en amante !
En rejetant les femmes et l'amour, vous avez rejeté hors de vos institutions et de vous-mêmes la qualité du féminin. Et toute violence a sa source dans cette violence que vous avez fait subir à vous-mêmes. »

« J'appelle féminin cette qualité que la femme réveille au creux de l'homme. J'appelle féminin le pardon des offenses, le geste de rengainer l'épée lorsque l'adversaire est au sol, l'émotion qu'il y a à s'incliner. J'appelle féminin l'oreille tendue vers l'au-delà des mots, l'attention qui flotte à la rencontre du sens, le palpe et l'enrobe. » *Une passion. Entre ciel et chair*, Christiane Singer

Aujourd'hui, j'ai foi que le Christ incarnait l'alliance du masculin et du féminin intérieurs… L'harmonie parfaite d'une immense tendresse et du glaive de la vérité… qui dansent !

Bibliographie

Les Évangiles

BASSET Lytta, *Aimer sans dévorer*, Albin Michel, 2010.

CHENG François, *Œil ouvert et cœur battant. Comment envisager et dévisager la beauté*, DDB, 2019.

DIKANN Alain, *Manuel pour guérir son enfant intérieur avec l'art-thérapie*, Éd. Eyrolles, 2022.

GOUGAUD Henri, *Les sept plumes de l'aigle*, Éd. Points Seuil, 2011.

GRAHAM Martha, *Mémoire de la danse*, Éd. Actes Sud, 2003.

GUIBERT Joël, *Renaître d'en haut*, Éd. Emmanuel, 2008.

GUIBERT Joël, *Le combat spirituel*, Artège, 2020.

HALPRIN Diana, *La force expressive du corps*, Éd. Le Souffle d'Or, 2014.

KUBY Sophia, *Il comblera tes désirs. Essai sur le manque et le bonheur*, Éd. Emmanuel, 2018.

NÈGRE Mireille et de RUS Éric, *Quand la vie prend corps*, Éd. du Cerf, 2012.

Pacot Simone, *L'évangélisation des profondeurs*, Éd. du Cerf, 1997.

Pinkola Estés Clarissa, *Femmes qui courent avec les loups. Histoires et mythes de l'archétype de la femme sauvage*, Éd. Le livre de poche, 2001.

Roth Gabrielle, *La danse des 5 rythmes*, Éd. Le Courrier du Livre, 2009.

Ruiz Miguel (Don), *Les quatre accords toltèques*, Éd. Jouvence, 2016.

Tolle Eckhart, *Le pouvoir du moment présent. Guide d'éveil spirituel*, Éd. Ariane, 2015.

Et aussi des écrits de Maurice Zundel, Edith Stein, Teilhard de Chardin, Marion Muller-Colard, père Marie-Eugène de l'Enfant-Jésus

DVD

Glushanok Peter, *Martha Graham. Dance on*, Criterion collection, 2007.

Table